出品人

陈万洵　刘　欣

策划

曾绯龙

主编

李梦星

协编

吉州文化研究会

庐陵文化研究院

庐陵状元

江西庐陵人文谷旅游集团
江西古貌古心文化发展有限公司 编

江西人民出版社
Jiangxi People's Publishing House
全国百佳出版社

图书在版编目（CIP）数据

庐陵状元 / 江西庐陵人文谷旅游集团, 江西古貌古心文化发展有限公司编.-- 南昌：江西人民出版社，2018.11
ISBN 978-7-210-10950-1

Ⅰ. ①庐…　Ⅱ. ①江…　②江…　Ⅲ. ①状元 - 生平事迹 - 吉安县 - 古代　Ⅳ. ①K820.856.4

中国版本图书馆CIP数据核字（2018）第254050号

庐陵状元
江西庐陵人文谷旅游集团
江西古貌古心文化发展有限公司　编
责任编辑：吴艺文
封面设计：同异文化传媒
出　　版：江西人民出版社
发　　行：各地新华书店
地　　址：江西省南昌市三经路47号附1号（邮编：330006）
编辑部电话：0791—86898470
发行部电话：0791—86898893
网　　址：www.jxpph.com
2018年11月第1版　2018年11月第1次印刷
开　　本：787毫米×1092毫米　1/16
印　　张：12.5
字　　数：180千
ISBN 978-7-210-10950-1
赣版权登字—01—2018—900

定　　价：38.00元
承 印 厂：南昌市红星印刷有限公司

庐陵老街状元楼夜景

古貌古心匾牌馆

状元楼局部

古貌古心匾牌馆局部

庐陵老街状元楼里状元公

古貌古心文化公司匾额

刘绎状元题屏（江西古舟岛文化旅游开发公司藏）

庐陵老街状元楼状元浮雕

民族英雄文天祥塑像

庐陵老街状元桥

庐陵老街状元楼状元笔

状元罗洪先题匾（古貌古心匾牌馆藏）

状元之乡金庐陵

独占鳌头。

中国科举时代称中状元，我能想象出青春飞扬血气方刚的状元郎，迎着巨鳌的石雕，踩着铿锵浑厚的心跳，面带微笑衣袂翩翩登上台阶迎榜的情形。

因一千多年来行政区划和州府辖区的变化，还有古代州府与今地市范围有异和籍贯认定不一等原因，各个地方的状元数量往往难以比对。但毋庸置疑，古称庐陵的江西吉安是科举“强府”，以约 3000 名进士的宏大规模享誉天下；其中 17 名状元的数量，在全国名列前茅，比有的省份还多些，可称为状元之乡了。

这 17 名状元是：南唐王克贞，宋朝何昌言、文天祥；明朝最多，共 12 人，为胡广、曾棨、肖时中、陈循、曾鹤龄、刘俨、彭时、彭教、罗伦、曾彦、罗洪先、刘同升；清朝为刘绎与刘福姚 2 人。

何昌言，是今吉安市辖区宋代第一位状元。他乃今新干县人，谱名是“昌彦”，让人联想到文昌俊彦这两个儒雅语词。因性情耿直，忧国忧民，又愤世嫉俗、敢于冒犯权贵，原则性特强，故长大求学之后改“彦”为“言”。作恶多端的“蔡太师”蔡京，阴险狡诈，仗着自己乃朝中元老，玩弄权术，网结党羽，蒙骗皇帝。只当了承军郎、秘书省校中郎、礼部尚书员外郎加武骑尉等职，地位并不高的何昌言，却先后 5 次上奏朝廷揭露蔡京的累累罪行，体现出“汉柏秦松骨气，商彝夏鼎精神”。

最快进朝廷内阁的状元是彭时。彭时是安福人，明英宗朱祁镇正统十三年（1448）中状元。次年八月，发生“土木堡之变”，代宗朱祁钰即令彭时以翰林院编修入内阁，参与机务。英宗天顺元年（1457）十二月，再度入阁。明宪宗朱见深成化三年（1467）加太子太保兼文渊阁大学士，次年任内阁首辅。中状元仅 1 年的彭时便入内阁参与国家大政，且历三朝在内阁 20 年，任首辅 7 年，在明代乃至整个中国古代历史上都是罕见的，足见彭时的学识风度有口皆碑，才情机敏鹤立鸡群。

状元老成乃曾彦。曾彦，又名曾雅彦，泰和人。意为“儒雅之俊彦”，父母的殷殷期望尽在其中。却据传其貌不扬，又矮又瘦。他早年入县学发奋苦读，却屡试不第，到 43 岁时方中个举人。又过了 12 年，才迎来神圣的殿试。一路过关斩将，年过半百的曾彦，终大器晚成。

庐陵书生骨子里头的执著与坚守，就像一颗种子，即使落在石头缝里，也会绽放美丽的花朵，结出累累硕果。

传播王学的苦行僧状元是吉水的罗洪先。罗洪先中状元后，任过翰林院修撰、经筵官等职，只数年工夫，因直言上谏开罪了皇帝而停职回乡，在一个叫石莲洞的巨型山洞里修身养性，以悟其道。罗洪先信奉阳明心学，是江右王门四大弟子之一。幽邃的石莲洞中，他就像当年少林寺的达摩祖师一样，面壁打坐，来收摄杂念以致良知。他常与各地慕名而来的同道之人欢聚石莲洞，相互切磋学问，或为当地贫寒学子义务讲课，倾情传播王学。对精神领域的追求孜孜不倦，物质上的需求却置之度外。罗洪先，以一种超凡脱俗的哲人气质、远离红尘的禅心道骨，捍卫了知识分子的尊严，守卫了历朝历代文人梦寐以求的独立人格与自由思考精神。

庐陵最有风骨才情的状元当属今青原区的文天祥了。在北京的中华世纪坛，选择了有史以来为中华文明作出杰出贡献的巨子精英 40 人，以浮雕颂之，其中便包括文天祥，可见其广泛而深远的影响力。 文天祥人格精神的集中体现，莫过于他的两首诗，一为《过零丁洋》，二是《正气歌》。文天祥，将浩然正气升华到一个特别高的境界，不仅在浩繁的庐陵文化之间，耸起一座丰碑，而且丰富并提升了中华民族的主流文化，让更多的文人志士，从此拥有一个仰之弥高璀璨夺目的精神坐标。

新时代、新思想、新征程。沐浴着改革开放的和煦东风，吉安涌现一批有文化梦想与担当情怀的成功人士，他们开拓进取、殚精竭虑，不断弘扬庐陵文化中“追求卓越、坚守气节”的精髓，想方设法让状元的品格风范感召并影响更多的庐陵后学。

打造庐陵人文谷的陈万洵，着意在庐陵老街建成一栋恢宏典雅的状元楼，为当今吉安高考名列前茅的莘莘学子以及各个领域阶层的领军人物提供一展才情的机会；也让普通游客“望子成龙、望女成凤”的愿想，在时空交错的状元楼前，通过骑马戴花等形式真实体验一回；更为留住庐陵千年荣耀与珍贵历史文脉，构筑一处温馨的精神家园、一块圣洁的灵魂高地。

创办古貌古心收藏馆的刘欣，拥有全国数一数二的匾额馆藏，其中不乏庐陵状元书写的精美匾额。多少次，我在一块块匾额霍霍燃烧的书法里沉醉。这是怎样磅礴的激情燃烧！远去的状元，以血以泪以笑以汗，在沉默的木头上燃烧辽远的追求、宏阔的气韵、嘹亮的歌唱。这些浸润庐陵状元风采的匾额，该有多长，方能将厚重幽邃的历史悉数铭记？该有多重，方可称量一个人的坎坷命运、一个家族的荣辱兴衰、一个地域的深刻变迁？

江水在奔流，季节在更替，岁月在流逝，但珍藏于吉安历史古籍深处的“庐陵文化”标签永远定格、历久弥新，标签上应该写着七个遒劲大字：

状元之乡金庐陵！

曾绯龙

目录

王克贞

【坚贞自持的王克贞】

彭庭松

王克贞，字守节，南唐末、北宋初人。先祖源于太原王氏，后迁徙至庐陵。一般认为他是今吉安县人。然而，《续资治通鉴长编》卷一七中称其为新淦（今作新干）人，不知有何依据？

王克贞祖父为吉州别驾，父亲为屯田郎中。克贞自幼好学，擅长为文，尚不及弱冠之年，就名动四方。中童子科，乡里举荐，与著名文人徐铉交往，徐铉对他赞赏有加。早慧少年，多半有老成之姿。其文章始出，便有了“风骨峻整，器度闲雅”之美誉。在文场荒芜已久之时，能重新读到风华流美的江南旧章，恰似久旱甘雨，人们有理由对这位庐陵英才寄予厚望。

南唐保大十年（952），因战乱而停止多年的贡举重新开始。翰林学士江文蔚知礼部贡举，这位从福建崇山峻岭中走出来的官员，雅好文辞，与高越齐名，时称“江高”。由他来主持科考，自然便会“详求艺实”，眼界既高，免不了“取文至寡，较文尤精。”这一年，录取的结果是“放进士王克贞等三人及第”。王克贞“一举擢第，首冠诸子”。另外两位题名的进士会是谁呢？好奇的我查阅到《福建尤溪族谱》，发现有个叫詹富子的正是与王克贞同榜。至于另外一个会是谁，目前我尚茫然不知。王克贞中状元乃是众望所归，当时的人甚至认为他的文章可以“追踪元和之际”，做个当代的元稹、白居易俨然在望。久在“词场道丧”中的人们，期待中兴的愿望是多么强烈啊。

“风度高秀”的南唐元宗李璟，对这次考试格外重视。他迫不及待地问江主考官：“你负责的这场考试，和北边诸朝比较，怎样？”江文蔚自信满满地回答道：“北朝是公荐和私谒相伴，我全用公正的标准取才。”国主点头称是。正是藉了这公道考试的助力，王克贞这颗新的政治明星才会冉冉升起。

夺魁第二年，即公元953年，王克贞就任秘书省正字，执掌文翰之任，专长有了用武之地。他“措辞典雅，叙事详审”，专业水平无可挑剔；他“守位以慎，当官以勤”，官德无懈可击。说话间，20余年已成过往，他也累官至中枢舍人、枢密副使，仕途都在京城。

时事板荡风云急，王气黯然石头城。在他那个年代，没有太平京官，有的只是“朝来寒雨晚来风”。公元975年，京城被宋军攻破。在仓皇辞庙，垂泪宫娥后，南唐后主李煜成了阶下囚。林花谢了春红，太匆匆，国家说亡就亡了。彼时的王克贞眼看国家丧乱，心中的哀痛自不待言。然而，潮流大势不可阻挡，王克贞能做的是“在江南守道中立”。他极力安抚人心，稳定秩序，让大家作好江山换主的平稳准备。他的厚道赢得了尊重，所以“国人称其长者”。这一年，王克贞与汤悦、徐游、潘慎修、张似等一批文臣归宋。太宗知克贞善文，命其值舍人院，继续负责文诰工作。因其为文典正得体，赢得了时人的尊重。

太平兴国二年（977），王克贞任朝奉大夫、太子中允。李昉等奉太宗之命，修纂大型类书《太平广记》。因参与编纂《太平广记》的李克勤、徐作宾、阮思通改任他官，王克贞与董淳、赵邻几等三人得以补缺，加入到修纂《太平广记》的“编辑部”来。为了这部野史小说总集的出版，王克贞夜以继日，与同道一起，花费了大量心血。次年，这部被称为“小说家之渊海”的五百卷巨著编写完成，全书收录范围自汉代到宋初。《四库全书总目提要》评价“其书虽多谈神怪，而采摭繁富。名物典故，错出其间，词章家恒所采用，考证家亦多所取资。又唐以前书，世所不传者，断简残编，尚间存其什一，尤足贵也。”王克贞为保存和整理历史文献作出了突出贡献,他的名字与《太平广记》一起流传后世。在完成《太平广记》后，王克贞又与汤悦、徐铉、张洎等奉君命，同修《江表事迹》。《江表事迹》后改名《江南录》，总计十卷。这是历史上唯一一部官修南唐史专著，其独特的历史和研究价值不言自明。

王克贞在朝中历任兵部员外郎、户部侍郎、礼部侍郎，之后便外出任地方主政官。先后出任汉州（今四川广汉）、滑州（今河南滑县）、襄州（今湖北襄樊）、梓州（今四川三台）等地知州。晚年由文字之职转任治理之务，由京城而外出地方，王克贞并无怨言，而是不断学习，尽快转换角色。他始终“宽简为务，仁爱推诚”，用儒家思想来睦民修政，取得了良好效果，史书说他“所至皆有善政。”

端拱二年（989）秋，王克贞梓州任满返回京城。途中染病，重阳节过后不久，农历九月十八日，于兴州（陕西略阳）传舍去世，享年 60 岁。第二年，葬于扬州某县乡里。

王克贞夫人李氏，陇西人，早亡。无子嗣，有一女。淳化二年（991），克贞女嫁南昌陈恕，为继室，生陈执古。陈恕累官至参知政事。陈执古官至建州通判，逝于江宁道上。王安石深为惋惜，为陈执古作了墓志铭。

王克贞重情重义，对于江文蔚的拔擢之恩时刻铭记，始终奉为座师，终生以门生自任。据徐铉《翰林学士江简公集序》一文记载，江文蔚死后，王克贞和江文蔚子江翘等，经过多方努力搜寻，终于将其作品“汇聚群分”，厘定为十卷。

然而遗憾的是，身为重要词臣的王克贞，现仅存一首短铭，即收录于《全宋文》卷四七的《双笋石铭》（并序）：

郡斋小庭有双笋石，峭拔可爱，因作铭云：

二笋昂植，双峰耸危。出云挺秀，韫玉含滋。

重厚天与，坚贞自持。他山比美，永代标奇。

此铭作于知梓州任上，王克贞亲自书写于石。此石保留时间较为长久，清代叶昌炽《语石校注》曾有著录，书中称此石书法为“小品”。

王克贞确实是“出云挺秀”，引来后世庐陵学子的仰慕和效法。他的“坚贞自持”，一如他的名字，昭示着文章与节义的水乳交融。他的文采成就，激励着庐陵后学浪奔潮涌。宋后，庐陵进士、状元如雨后春笋，“永代标奇”。这一文化奇观，与王克贞导夫先路的贡献是分不开的。

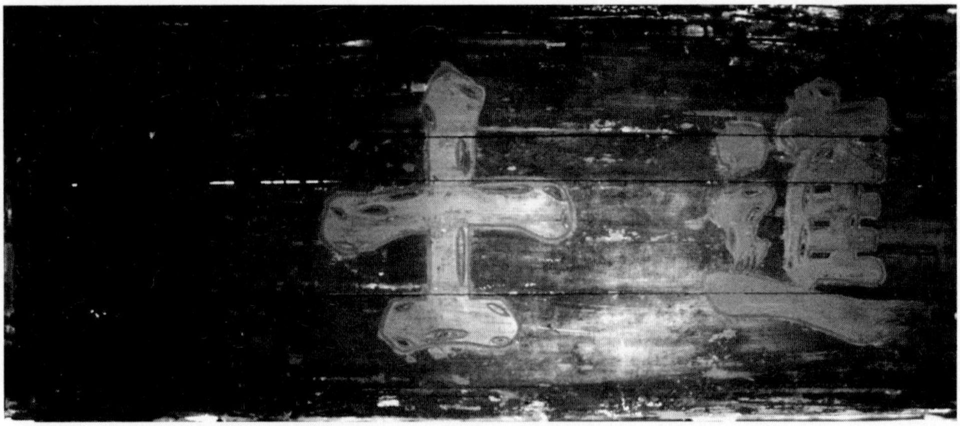

进士匾（古貌古心文化公司收藏）

何昌言

【勇斗奸相的何昌言】

李敏

新干县城广场东边的山头上，耸立着一座白底黑檐的六面七层墙塔，乘车沿 105 国道行驶，远远就能看见。这座县城标志性的建筑，是为纪念状元何昌言而建，称作何家山状元塔，民间称此山为宝塔山。何昌言（1067—1126），字忠儒，谱名昌彦。彦就是才德杰出者。他的志向是做正直敢言的人，于是求学时，改“彦”为“言”。他是北宋绍圣四年丁丑科的科举状元。

自隋朝设立吉州，新干（淦）一直属吉州或庐陵郡管辖。虽然 300 多年后的北宋淳化年间，新干划归临江军，但何昌言中了状元，庐陵人仍引以为自豪。更使家乡人感到荣幸和振奋的是，哲宗皇帝特赋诗《状元何昌言还乡歌》送给新科状元以示恩宠，诗中“南国从来学者多，因此人人壮心赤”之句，是恰如其分的。不说其他地方，就说何状元父辈生长的庐陵郡，宋代已涌现了宰相刘沆、文坛宗师欧阳修等名扬天下的巨儒重臣；还有与苏轼齐名的孔文仲三兄弟等等。现在出了个状元，赣中的确是名士辈出。

何昌言中状元后，在朝廷当了承军郎、奉议郎、礼部尚书员外郎加武骑尉等官。他走上仕途时，正逢北宋王朝面临内外交困的局势。北方边境很不安定，金人时常侵袭；而北宋皇帝一个不如一个，只知享乐，迷佛溺道。朝廷奸臣当权，贤士遭弃。百姓久受酷政之害，农民起义此起彼伏。何昌言深为国家的前途与命运担忧，痛恨弄权误国的奸臣，义无反顾地与他们抗争，却因此屡遭贬职。

《水浒传》中多次提到作恶多端的“蔡太师”蔡京，阴险狡诈，仗着是朝中元老，玩弄权术，网络党羽，蒙骗皇帝。地位不高的何昌言却不怕他，先后 5 次上奏，揭露他的罪恶，4 次被贬又复职，不屈不挠地与祸国殃民的奸相斗争，显示出凛然正气。

崇宁二年（1103）十月七日，何昌言因弹劾蔡京遭陷害，降职任宣教郎，次年五月七日便复了奉议郎之职；十一月十一日又因弹劾因弹劾蔡京第二次降任宣教郎，第二年（1105）五月十一日恢复奉议郎职务。同年六月二十七日特任朝散郎一职，四月初二任秘书少监及骑尉，八月九日特任秘书监。大观四年（1110）四月十五日任给事中，八月四日第三次降职为太平州知事。政和二年（1112）五月三日担任给事中一职，又因上奏蔡京的劣迹罪行，第四次降任建昌军仙都观提举。政和五年（1115）四月一日又恢复担任集体贤殿修撰和给事中；不久，两次因为上奏蔡京一案，第五次降任为提举。到了宋钦宗赵桓登上皇位，实行大赦，才于靖康元年（1126）二月被赦免。走进宫，何昌言上殿面奏皇帝之后，皇帝下诏任他工部尚书侍郎太子詹事之职。但是，此时的何昌言已经身体不健康了，由于 10 多年来被奸佞所迫害，受到不公平待遇，长时间的郁郁寡欢，忧愁烦闷，日积月累，积忧成疾，于靖康元年四月二十七日病逝，时年 59 岁，归葬于新干县沂江河口洪华山。

五次弹劾奸相之中，典型的有两次。宋政和二年（1112），蔡京对迷信道教的徽宗皇帝说，现在天下太平，应建九鼎以显示国力，以感动上苍；同时要修个方泽，修座大型道观，供皇上养身修道。登基不久的徽宗正想显显威风，更想长生不老。蔡京的提议正合其心意，昏君奸臣一拍即合，劳民伤财的系列工程立即动工。

当时，京城所在地河南，水灾连着旱灾，百姓苦不堪言。时任应天府兼南京留守公事、提举本府学事的何昌言，奉命去河南巡视。每到一处，他都听到地方官员反映，说朝廷大兴土木，加重了赋税，又因灾害不断，赋税难以收上。何昌言深入乡野视察，百姓直指蔡京，骂他不赈灾救民，还逼民工去伐树凿石运送京师，不服从者以违抗朝命罪以处罚。何昌言一到凿石工地，只见山间灰土满天，无数民工如蝼蚁忙着，凿石运料，稍有怠慢，便遭监工呵斥殴打。何昌言深刻感受到奸臣的可恶可恨，回府后立即起草奏章，力陈灾民之苦，请求朝廷减税济民。他直言不讳地指出，蔡京之辈蒙蔽圣听，国弱民穷之时还大修“方泽”“道观”，完全是误国殃民。徽宗对赈灾的事还算重视，诏令救济灾民；可他认为修道观不可停，蔡太师的做法是对的。何昌言见皇帝执迷不悟，很是痛心。不久，何昌言得到可靠举报，说蔡京借修道观之名，大肆从中渔利，至少贪污了三四百万两银子，何昌言便如实禀报皇帝。

可是，奏章落到了蔡京的党羽手里。蔡京闻讯，密派爪牙去查访何昌言，只要发现他一星半点的不干净之处，就置他于死地。爪牙们倒也很尽力，可明察暗访多时，抓不到何昌言什么把柄。为了好向主子交差，他们只好把何昌言刻在府门前石碑上的对联抄回交给蔡京。对联是：“省一分，民受赐一分；要一钱，便不值一钱。”蔡京见了，大骂爪牙无能。他对何昌言恨之入骨，可又无从下手。

两年后，何昌言又以钦差的名义去浙江临平巡视。此时，蔡京为哄徽宗高兴，又决定修建一座宏大的“圣塔”给徽宗祝寿。临平出产建塔所需的花岗石，但运输不便。蔡京下令凿开山岭，开通河道运石。时逢久雨，河道决口，淹没良田数十万顷，淹死百姓数千。何昌言到临平视察时，只见满眼荒芜，怨声载道。他义愤填膺，决心揭露蔡贼犯下的滔天罪行。他自知势单力薄，便与朝中元老大臣商议，联合上疏，请求皇帝治蔡京之罪以谢天下。蔡京慌了手脚，连忙对徽宗说，我是为修建祝寿的圣塔而开河道，出了事故我也难受，可这是天灾啊！我对皇上忠心耿耿，天日可见。徽宗觉得他说得有理，不追究他的责任。蔡京却乘机反戈一击，说何昌言他们结党营私，以河道决口为借口发难攻击他，实质是反对修圣塔，是对皇上的不忠。徽宗在蔡京的挑唆下，把何昌言贬出朝廷，赶到远离京城的建昌军任了个闲职。

才华盖世的状元何昌言，在权奸横行的时代，难以施展才干。可他忧国忧民的情怀，坚持正义的精神和永不屈服的人格，流芳百世。那亡国之君宋徽宗和大奸大恶蔡京，却被钉在历史的耻辱柱上受人唾骂。

科举功名匾（古貌古心文化公司收藏）

【宝塔山下忆昌言】

剑鸿

说起来真是惭愧，我在新干县城生活了整整八年，居然对身边的地理人文漠视到了无知的地步。离开县城多年以后，我才逐渐对故乡风物有些粗浅认知。返乡时，偶尔到周边走一走，看一看，去得最多的是宝塔山。去宝塔山的理由很多。这里既是县城中心，也是全城制高点。站到宝塔山上四望，俯瞰县城全貌，脚下的105国道川流不息，金川广场人影如蚁，远处赣江宛如白练。遇上好的天气，极目河西，能看到绚烂的晚霞辉映县城。

新干何家山状元塔

宝塔山，似乎是人们约定俗成的称呼，多年如此，因为山上有塔屹立。塔高十余米，六角七级，楼阁式，砖木结构，外围白墙，风雨侵蚀，岁月斑驳。塔借山势，有凌云之姿；山借塔势，有岿然之威。山的西面紧邻国道和金川广场，坡面陡峭，犹如刀削。十几年前，政府斥资修建台阶，植树绿化，同时树立一块流芳碑，荟萃千年古县之风物精华。小小的山头，经过整理打造，俨然是一个景点，成为附近居民茶余饭后的绝好去处。山西面坡势较缓，是一丛乔灌间杂的树林，和县妇幼保健院、公路局毗邻。南面原来是曲折流经县城的湄湘河，后来河道改造，成为一片居民区。

我曾经居住在宝塔山北面的宾阳路。出家门，下楼，转过喧闹的康王庙街，再沿国道走上几百米，就到了宝塔山下。按直线距离来算，我家离宝塔山不会超过500米。从山脚拾级而上，天空会变得越来越开阔，云朵越来越近，房屋和街道越来越渺小，人也似乎越来越高大起来。八年里，我经常将这里当作生活的消化器，消化奔波的疲劳，有时也消化人生的迷惘和失落。这种实用主义的游览和漫步，让我很少注意山头的宝塔，也没有认真读过宝塔下的石碑。粗疏的结果是，我多年以来一直不知道宝塔的来历。

但我知道何昌言，作为新干历史上的文化名人，作为庐陵历史上宋代第一个状元，人们介绍县情时绕不过他，回顾县史时绕不过他，爬梳人文时也绕不过他。何昌言生于北宋末世，自幼勤奋好学，志气宏远，绍圣三年，即1096年，昌言第一次参加乡试就考中举人。次年再应会试、殿试，高中状元。宋哲宗赵煦极为赏识昌言的才智，专门写了一首《状元何昌言还乡歌》。诗中言道：庐江才子文胆雄，家世簪缨台省中。今年来献康时策，跨得青天第一龙。这一年，何昌言30岁，正是志得意满、三十而立的大好年华，这一年，被贬惠州的苏东坡正在南方颠沛流离。

因为没有找到史料佐证，很难知道何昌言和苏东坡是否有过交集。但他们在新干有一个共同的朋友，那就是谢民师。苏东坡在流放海南归途中，与谢民师有过书信往来，著名的《答谢民师书》就是其中之一。而据宋代曾敏行所撰的《独醒杂志》记载：宋初，江西士人没有考中过状元。直到宋哲宗绍圣年间，江西何昌言赴京应考，得了第一。有个名叫谢民师的，写了一首诗寄给何昌言，向他祝贺，其中有两句道："万里一时开骥足，百年今始破天荒。"

世事难料，宦海沉浮，北宋末年，面对昏庸的皇帝，弄权的佞臣，性格耿直、屡次上书弹劾蔡京，经历五降五复的何昌言忧愤成疾，郁郁而终，于1127年病死他乡，奉旨归葬。归葬，当然是叶落归根，回到新干故土。但是，何昌言的墓葬在何处？目前尚没有一个清晰的界定。有史料记载，侍郎何昌言墓在新淦泥江下。"泥江下"是一个什么样的地方？语焉不详，无法确认。不过，在新干口音里，"泥江"与"沂江"同音。查《新干县志》，沂江古称泥江口水。如此看来，"泥江下"乃是现在的沂江流域附近。

何昌言身后留下的，除了青史英名，就是我所经常光顾的宝塔山。据《新干县地名志》载：何家山，位于新干县城东郊站南路东侧，山顶有明代所建的宝塔一座。又载：何家山原名凤凰山，在迎春门外，即宋状元何昌言故宅，又名何家山。原来如此！我曾日日登临的小山，原来就是何家山。我曾天天仰望的宝塔，乃是纪念何昌言所建的状元塔。于是，很多曾经疑惑的问题，比如，为什么新干至今还有一条状元路？为什么新干的酒店喜欢叫状元楼？为什么千百年来新干人的读书情结如此浓厚？答案由此迎刃而解。

沧海桑田，时代在飞奔前进。如今的新干，城市面貌日新月异，原来屹立在县城东郊的何家山和状元塔，早已被喧闹的建筑包围。但无论世界如何变化，总有一些事物保持着恒定的姿态，让忙碌的现代人偶尔怀想。何家山上的状元塔重建于清同治十年，即 1871 年，距今已有一百多年的历史，依然气宇轩昂，保存完好。陪伴着何昌言长眠故土的沂江依然两岸青翠，潺潺流淌。

一个秋日晴好的下午，我站在宝塔山顶，凝视着眼前的状元塔，塔顶之上是深邃的蓝天，几朵白云偶尔飘过。由于是午后，山顶和山脚下街道上的人不多，一片寂静中，我让思绪跟着塔沿的几棵青草随风舞蹈。我在想，千年以前的某个下午，临窗读书后的何昌言也许曾像我这样来到何家山顶，俯仰河山壮阔，家在山下，而天地藏在胸中。

我何其幸，与昌言同乡，又同住青山八年！

文天祥

【民族英雄文天祥】

李梦星

文天祥（1236—1283），字宋瑞，号文山，今青原区富田乡文家村人。他出生时，南宋政权偏安江南一隅已有一百多年。北方的少数民族政权时刻有吞并江南的动机，还常常侵扰南宋境地。而南宋朝廷日趋腐朽，一些权臣不思“还我河山”，贪图享受，不敢与北方抗衡。文天祥 21 岁中状元后，在朝廷任职，一直为国家的安危担忧，多次上奏强兵富民之策，都如石沉大海。他反对当政的大臣弄权误国，被逐出朝廷，又几次被贬，但忧国忧民之心未改。当国家面临危险时，他依然挺身而出，显得义无反顾。他以国破家亡独力擎天的气魄，以屡遭贬谪而不馁、三年被囚而不屈的气节，以“人生自古谁无死，留取丹心照汗青”的人格风范，奏响了一曲曲悲壮豪迈的历史强音，耸立起一座世代景仰的民族精神丰碑。

金榜题名

宝祐三年（1255）12 月 15 日，在白鹭洲书院完成学业、庐陵县学考试成绩优秀的文天祥，和弟弟文璧一起，由父亲文仪陪同，去京城临安参加朝廷礼部主持的会试。

千里迢迢，晓行暮宿。一路上，文天祥既忧虑又兴奋。他知道，这次考试，天下学子荟萃，强手如林。有多少学子一生寒窗苦读，到头来仍名落孙山。明知前进道路十分艰难，但文天祥毫不气馁。在老家竹居和白鹭洲书院的苦读多年，经史子集已熟记于心。尤其是书院山长欧阳守道的教诲，使他大开眼界，受益匪浅。欧阳守道反对泥古不化的学风，主张学以致用。文天祥清楚地记得山长说过:凡是殿试的对策，架空排句，歌功颂德，算不得好的文章；紧联现实，切中要害，鞭辟入里，见解独到才是佳篇。天祥决心按山长的教导应试，能否中考官和皇上之意，无须考虑。

他们到达临安时，正是热热闹闹的正月。此时南宋京城临安，已建都 124 年，“依稀十万人家”，茶馆酒坊林立，楼台亭阁遍布，西湖游人如织，灵隐

吉安县文天祥纪念馆

寺香火旺盛。文天祥父子在旅馆住下后，偷闲去四处看了看。他们不解的是，外患重重，这里却是歌舞升平，达官贵人“直把杭州当汴州”，天天醉生梦死。

1256年2月1日，文天祥兄弟在贡院参加了会试。礼部放榜，两人同登贡士，再参加殿试。他们继续攻读3个月，5月8日，参加在集英殿举行的殿试。理宗皇帝亲临考场，与礼部奏报的贡士见面后，关殿封帘开考。天祥坐在鸽子笼般的殿试舍中，心中忐忑不安地等待御试策题卷下发。前两天，天祥用心备考，不慎受寒，鼻塞体酸，呕吐泄泻，喝了父亲熬的药，好了些。今天几百人同赴考场，挤挤攘攘，尤其是从旁门入殿见皇帝时，更是拥挤不堪，出了一身汗，现在倒觉得浊气全无，头脑清醒了。打开卷子，只见那题目很长，500多字。宋朝以来的殿试策题，多是根据理学、道学命题。这次也不例外，开头第一句便是“盖闻道之大，原出于天”，接着提出问题，说当今灾异发生，人民困苦，人才缺乏，国力困难，军事薄弱，边界紧急，其原因是天道失去了作用呢，还是教化不力？要举士提出对策。还特别说到，皇帝愿听取意见，以澄清政治，以保国泰民安。

文天祥凝视策题细细领会题目的内容，脑海中浮现出父亲和师长与自己谈古论今、感叹时政的一个个场面，他们的教诲一一涌上心头。京都的豪华淫逸与山村贫苦荒芜，达官贵人的穷奢极欲与穷苦百姓的吃糠咽菜，太平盛世的虚假表象与边境垂危的严酷现实，像一幅幅画图在眼前闪现。他百感交集，文思泉涌，笔蘸浓墨，挥毫运笔如飞。他以《易经》中“天行健，君子以自强不息”的观点立意谋篇。首先，他演述了“法天不息”之理，认为“自太极分而阴阳，则阴阳不息，道亦不息”；他明确地指出：“天久而不坠也以运，地久而不溃也以转，水久而不腐也以流，日月星辰而常新也以行；天下之凡不息者，皆以久也。”接着，以不息之理，直言论政，言辞激昂地提出了四个需解决的现实问题：安民、淑士、节财、弭寇，均应改革不息，自强不息。他提出了自己的政治主张，即苏民困，淳士风，节国用，重宰相，树立公道与直道之政。全文洋洋洒洒11651字，一气呵成。

文天祥的殿试卷经初考官评定为第七名，再经详定官们评为第五名。两级考官，都一致认为是篇难得的佳作，其气势、文采、情理都在其他试卷之上。不足之处是言词过于激昂，对世事的看法有些偏颇。如排的名次太前，恐皇帝亲自点定名次时不太高兴。

理宗坐在殿内，按详定官排的名次依次阅卷。前面四本无甚新意，翻开第五本，一看开篇便觉气势不凡，精神为之一振。仔细读去，只见字迹飘洒，情理通达，见解深刻独到，朝廷正需如此英才。他把主考王应麟叫过来说："此篇不同一般，你拆开看看是谁写的。"王应麟接过卷子拆开密封的卷头，奏道："此人姓文，名天祥，吉州庐陵人，21 岁。"理宗高兴地说："天祥者，宋之瑞也！"随即提起朱笔在卷子上批了"第一甲第一名"六个大字。王主考少不了说些恭维话。其实，他原先的意见也是把文天祥之文列为第一，但其他几个详定官不同意，他权衡利弊后，还是列为第五。现皇帝钦点第一，王主考自然高兴。

吉安县文天祥纪念馆中状元报喜雕塑

文天祥就将皇帝的赞誉改作自己的字“宋瑞”。

5月24日，文天祥考中状元的消息传遍了京城。金锣开道，仪仗列队。他披红挂彩，头插金花，打马游街。临安万人空巷，争睹这位英姿勃发的庐陵才子的风采。此刻的文天祥，春风得意，踌躇满志。他想，不管今后道路多么坎坷，报国为民的壮志决不动摇。

毁家纾难

公元1274年，北方的蒙古族元军，分三路大举进攻，获取鄂州后，顺江而下，威胁南宋京城临安（今杭州）。南宋的皇帝，只是个几岁的小孩子。那些大臣们畏元兵如虎，纷纷作鸟兽散，逃跑保命，竟然没有一个大臣将领敢站出来率兵保卫朝廷。德祐元年（1275）正月，宋太后只得发出《哀痛诏》传达到各地官府，要求“文经武纬之臣，食君之禄，不避患难……起诸路勤王之师”，救君主于“危急之机”。并特别给了任江西提刑兼知赣州的文天祥一道专旨，令他疾速发兵，奔赴京都。奇怪的是，这么多州府官员和军队统领，只有3人响应，愿意起兵卫国，其中就有从未带兵打过仗的文科状元文天祥。文天祥读着诏书，难过得哭泣起来。国家到了这种地步，并非一时造成的。而现在，他不去想这些了。救国救民于水火之中是他义不容辞的责任。他立即招募将士，筹集经费。各路军马汇集，两个多月达5万之众。经费不足成了最大的困难，虽然有各界人士慷慨解囊，仍有较大缺口。文母曾氏深明大义，变卖了不少金银首饰，做军费之资，文天祥为母亲的义举而感动。在母亲的支持下，他派人回富田老家，卖掉了部分田产房屋，筹到了一批钱，用来购买军粮武器。

文天祥母子毁家救国的事情一下子传开了，许多人纷纷仿效，出资捐物，支持义军。不久，浩浩荡荡的义军顺赣江而下，向北挺进，奔赴战场。

君降臣不降

在奉行三纲五常的封建社会，作为臣子，应该绝对地服从君皇的指令。可是，当君皇置国家而不顾，屈服于外族政权时，有民族责任感的臣子，就不能听皇帝的话，而应该以国家和民族的整体利益为重，勇敢地担当起保家卫国的责任。当然，这样做是要冒着巨大风险的，不是顶天立地的英雄好汉，不敢这样做。文天祥就是这样的英雄。

正当文天祥率领勤王军浩荡北上时，哪知道朝廷中掌握实权的陈宜中和他的同党们，还幻想能靠妥协退让偷生，不让文天祥的部队进驻临安，竟然下令他们在吉州待命几个月，以至错过了战机，勤王义兵无用武之地。等到陈宜中们见势不妙，令文天祥的部队赶往京城时，元兵前锋已逼近临安几十里的地方了。朝廷内外一片恐慌，宰相陈宜中等大臣连夜逃窜，在朝的官员也很少了。在这危亡之际，文天祥被太后任命为右丞相兼枢密使，都督诸路军马，担当挽国家于倒悬的重任。第二天，他就率员赴敌营谈判。他明知不可为却毅然为之，显示出凛然的英雄气概。

到距临安 30 多里的皋亭山，见到元军统帅伯颜时，文天祥说："如果你们不是为了灭宋，我们可以谈条件，否则，我们一定奉陪到底，大宋还有大片的国土，军民同仇敌忾，真要打，还不一定谁胜谁负！"

伯颜原以为文天祥是来谈投降的，却没料到他竟是这种态度，就把他软禁在营中。可是，第二天文天祥见伯颜时，正在谈双方的得失，吴坚、贾余庆却受南宋皇太后之命，带着玉玺和降表来投降称臣。文天祥怎么也没料到是这样的结局，他悲愤已极。伯颜说，你们的皇帝都已投降了，你还有什么理由不屈服呢？文天祥大义凛然地表示：社稷为重君为轻，君降臣不降。

伯颜恼羞成怒，把文天祥和贾余庆等"祈请使"一同押往北方，去向主子请功。沿途文天祥和他的部属制订了周密的逃脱方案，终于在镇江机智逃脱，一路上险境迭出，他们历经艰辛躲过追捕，"不指南方不肯休"，九死一生，终于到了福州，见到了新立的小皇帝端宗。流亡政权又任命文天祥为右丞相。但朝中仍是陈宜中等把持，文天祥不愿与他们共事，便辞相位，以枢密使、都督诸路军马的名义聚兵抗元。

文天祥振臂一呼，各地闻风而动，会集在他的旗帜下，重新组建一支抗元大军。他们在汀州、龙岩等地积极备战，从广东梅州攻入江西，连克会昌、于都、兴国三县，士气大振。各路义军会师兴国，再分攻赣、吉诸县，连连取胜，极大地鼓舞了东南各地人民奋起抗元的斗志。赣东北豪杰纷纷响应，两湖、闽粤也有不少州县起义抗元，并号令通及江淮，一时抗战之势风起云涌，东南半壁江山又落宋室。文天祥正准备攻打赣州城，元朝调集了十多万精兵增援江西，对义军进行重点围剿。而此时的南宋小朝廷，只一味地往东南沿海逃跑，使福建许多州县被元兵攻陷，江西失去后援。在赣西南的大山里，义军寡不敌众，在钟步之战失利；而永丰空坑一仗，更是激烈异常，义军损失惨重，许多将士牺牲或被俘，文天祥的妻儿子女也被俘了。在敌人追击的危急关头，将军赵时赏化装成文天祥招引元兵，才使文天祥脱险。空坑战败，营中兵士又染上了瘟疫，义军元气大丧，战斗力衰落。文天祥收拾残部，退到广东休整，保存实力以图发展。这时，南宋小朝廷逃到了广东的新会，文天祥派人要求去朝见，遭到拒绝。文天祥的部队驻扎在潮阳，原部将邹凤、刘子俊率兵赶来会合。义军打算重返江西，摆脱困境。当部队走到海丰五坡岭时，得到情报的元军张弘范部，在海盗陈懿的引带下突袭义军，文天祥等来不及抵抗，便全部被捕。文天祥绝望了，吞下冰片自尽，然而自杀不成被执。

张弘范见捉住了文天祥，十分高兴，把他押往崖山。此时，宋将张世杰正在崖山指挥水军和元军决一死战。张弘范要文天祥写封信去张世杰，说大势已去，不如投降。文天祥听后愤然答道，我不能救父母，难道还会劝别人去背叛父母吗？说完，把《过零丁洋》一诗甩给张世杰。诗中最后两句“人生自古谁无死，留取丹心照汗青”表明了文天祥的态度，张弘范见了也不由得钦佩。崖山海战宋军大败，陆秀夫背着小皇帝跳海自尽，南宋彻底灭亡了。文天祥目睹了战败的惨状，数万宋军葬身大海，他悲愤已极。文天祥等人被元兵押送北上，一开始，他就作好了自尽的准备，因为国已亡，臣还有什么价值存在世上呢？正如他在诗中所言：“以身殉道不苟生，道在光明照千古。”

他被押住过了梅关，转走赣江水路。一上船，他就开始绝食，这样到故乡庐陵时就可魂归故里了。可是饿了好几天，船顺风行使较快，过了吉州到了丰城，还未饿死。他想，求死不成，就活着斗争到底。

宁死不屈

文天祥被押到北京，关在监牢里，整整受了三年的煎熬。开始，元朝统治者对他进行利诱威逼，企图劝降。他们派做了汉奸的宋代另一个状元宰相留梦炎来劝天祥降元，被骂得无地自容。又把已投降的 9 岁南宋小皇帝“德祐君”抬了出来，以为忠君的文天祥会屈服。谁料到文天祥一见小皇帝，就口呼“圣上”，当面泣拜，请他回到南方去。小皇帝见无法劝天祥，只得退回。元朝还企图利用文天祥的亲情来打动他的心，派已降元的胞弟文璧送去钱物，文天祥视之为“逆物”不接受，还责怪了弟弟一番。元朝无计可施，便由丞相孛罗亲自来拷问，强令文天祥跪下。文天祥说，我是南方丞相见你北方丞相，你有什么资格受我跪拜？我文天祥只忠于宋朝，宋亡只求速死，要下跪是绝不可能的。孛罗无奈，问了为什么另立新君弃原主等问题，说文天祥并不是忠臣，是篡位。文天祥答道，德祐皇帝投降失国，我立新君，是为了社稷，我只是忠于祖国。孛罗见拷问没什么效果，根本动摇不了他的信念，就在生活上给以磨难，以消耗他的意志。

青原区富田文丞相祠

文天祥囚禁在阴暗潮湿、秽气

四溢的牢房里，身体受到了严重摧残，但他仍以非凡的毅力坚持斗争。他在狱中写了许多诗，还记载了一生中的几次历险，经坚持三年给他送饭的义士张千载传到狱外，被人们珍藏，为后人留下了宝贵的文学遗产。在将近三年的时间里，元朝因文天祥不降，失去了信心，只是以漫长的时间来折磨他。文天祥把狱中充斥的邪恶之气归结为七气：水气、土气、日气、火气、米气、人气、秽气，七气日日侵扰，致使身体非常孱弱，但并未得病死去，意志也未消磨，这是什么原因呢？他认为，因为精神仍存，这就是孟子所说的“我善养吾浩然之气”，是一种天地间的正气。有了这种正气，就可以敌种种邪气，就可以受种种挫折而不变节。

于是，文天祥满怀激情写下了那篇气壮山河、千古不朽的《正气歌》，“天地有正气，杂然赋流形。下则为河岳，上则为日星。于人曰浩然，沛乎塞苍冥。皇路当清夷，含和吐明庭。时穷节乃见，一一垂丹青……”这首 60 句的长诗，集中表现了他的英雄气概和宁死不屈的崇高气节。这首诗，是中华民族爱国主义精神诗篇的巅峰之作，是鼓舞千秋万代的正义之歌。

元世祖忽必烈对文天祥既仇视又敬重他的人格，在百般无奈下，只有亲自来劝说文天祥了。他说：“宋朝早已灭亡，你做臣子的也算尽忠尽职了。你如以忠于宋室的心来忠于我，我可以让你当元朝的宰相。”文天祥坚定地回答：“我是大宋的状元宰相，宋亡，只求死，不可生。”忽必烈终于无计可施，听从麦术丁等人的意见，下令处决。公元 1283 年 1 月 9 日，元大都朔风呼啸，雪雾弥漫，黑云压城。文天祥被押往菜市口刑场。几万市民纷纷聚集在通往刑场的街上，挥泪送行。文天祥神态自若，登上了刑台，他问刽子手哪里是南方，便正面向南拜了三拜，叹道：“我报国到此了！”47 岁的民族英雄文天祥，与祖国永别了。张千载等江南文士在清理文天祥的遗体时，发现了系在衣带间的一篇有序的“赞”文：“孔曰成仁，孟云取义，惟其义尽，所以仁至。读圣贤书，所学何事？而今而后，庶几无愧！宋丞相文天祥绝笔。”

【探访文天祥故里】

李梦星

吉安城往东30多公里处的青原区富田镇文家村，远远望去，绿山、翠竹、小河、古宅、黄牛，如一幅淡雅而古朴的水墨画。1236年，文天祥就生长在这里。因历史久远，文天祥的祖屋已荡然无存，只是当年文天祥青少年时代经常坐在如盖的树下勤学苦读的千年古樟依然郁郁葱葱。

在繁华的富田街，文家村只是其中的一个小村庄，显得有些萧条破旧。村里最醒目的，除了那些古樟、古井、古居，就数前些年重修的“文氏宗祠”了。宗祠里最显眼的则是上堂端坐的文天祥塑像——身穿官服，头飘红带，目光炯炯，神情凛然。塑像右侧，依次摆着5块红色木牌，分别写着：“理学名臣”“状元宰相”“五世公侯”“文庙从祀”“帝庙配飨”。品读着这5条“盖棺论定”的赞语，笔者想，谁要是能享有其中的一项，亦足可含笑九泉了。能配上这“5项全能”的，世上恐怕没几人。富田街东2016年重建的“文丞相祠”，庄重华贵，再现了文公的丰功伟绩和不朽的精神。

文家村的族长拿出文氏族谱让我翻阅。画像、序言、吊线谱图……看着看着，笔者有些不解，怎么繁衍700多年，文家村现只有二三十户、一百多人？文先洪说，是战乱时外迁了。在海内外的文氏后裔，不知有多少万人。近些年，不断有文姓宗亲前来寻根问祖，还带着族谱来对照。广东从东莞到深圳，有八九个上千人的文姓大村；海南、广西都有数万文氏后裔；香港有，海外也有，他们都称是文天祥的直系子孙。

可史料上明白无误地记载，文天祥只生了两个儿子，其幼子佛生，在文天祥重举义旗抗击元军的永丰空坑一战中死去，只几岁；长子道生接着在南下的抗战征途中病死，只13岁。何来那么多的文天祥子孙呢？文天祥研究权威专家、井冈山大学教授刘文源介绍，文天祥的弟弟文璧之子文升过继给文天祥，后代自然是直系了。最多的是跟随文天祥的将士，宋亡后流散在东南沿海，为怀念尽忠的文天祥，纷纷改姓文，认文天祥为始祖。文天祥同族的后代，也大多称自己是直系后裔。更妙的是，不少文氏后裔们引经据典，证明佛生未早夭，道生生子后而逝。知名的美籍华人文龙先生，他曾在20世纪80年代所著的《龙象携手》一书中，明确地说自己是佛生的后代，是文天祥第十七世孙，文龙先生的儿子就取名“汗青”。

一条崭新的水泥路，将笔者引到了距文家村7.5公里处鹜湖大坑的山冲里。壮观的“仁至义尽”红石牌坊后是清溪上的小桥，仰望山腰，那是文天祥的墓地。刘文源告诉我，该墓始建于元至元二十一年，明代、清代先后重修。江西省人民政府分别于1983年、1993年拨款重建。1987年列为省级重点文物保护单位，成为爱国主义教育基地和课堂。

走过象征文天祥47年人生历程的47米神道，踏上寓意文公1283年就义的12级、8级、3级台阶，攀上高高的墓台，“宋丞相文信国公天祥之墓”的大字赫然在目。那“志可凌云文能载道，生当报国死不低头”“南宋状元宰相，西江孝子忠臣”“天赋忠烈千秋志，祥赐英名万古存”的墓联，道尽了墓主的丰功伟绩和高风亮节。品读着、瞻仰着，谁能不热血沸腾，顶礼膜拜？

可是，经三遭贬谪，两举义旗，三年被囚，历万般磨难、宁死不屈的文天祥，家乡的墓中并没有他的遗体。元朝统治者征服了南宋万里江山，可就征服不了这瘦弱的书生。于是，1283年1月9日，一颗高昂的头被砍下了。刘文源说，文天祥就义后，有江南十义士将文公遗体葬在北京小南门外五里道旁。后来，文天祥的同乡好友——义士张千载将文公的指、发，用匣密封，万里迢迢，历尽艰难，背回到富田安葬。

没有遗体的陵墓，并不妨碍世人虔诚地祭祀、缅怀。英雄的崇拜者们、海内外的文氏后裔们，不嫌地偏路远，纷纷前来祭拜，规模最大的是1993年1月文天祥就义710周年纪念和2005年10月文天祥陵园扩建典礼时，闽、粤、香港等地的文氏后裔和社会各界人士，蜂拥而至，每次都达数百人。文天祥生

文天祥陵墓

死观的核心是儒家的“立德、立功、立言”精神，肉体无法永生，精神却可不朽。墓中有无遗体并不重要，只要精神不朽，这就够了。站在陵前，望着满目青山，想起刘先生的阐述，笔者领悟到千古绝唱“人生自古谁无死，留取丹心照汗青”的深刻含义。

在吉安，处处流传着文天祥的故事，人人为有这样的先贤而感到光荣。行走在文天祥故里，我从文天祥苦读的富田“竹居”，到成才的吉安白鹭洲书院；从数万窑工加入到文公率领的抗元义军中的吉州窑，到文公重举义旗南进的万安惶恐滩，时刻感受着文公的人格力量，感受着家乡人民对他的崇仰和爱戴。最悲壮、最动人心扉的当属王炎午生祭文天祥。

1279 年 2 月，文天祥在广东海丰不幸被俘，自杀未遂，被押送京城。至江西境地时，文公决定绝食，预期途经庐陵（今吉安）故乡时死去。因于顺赣江而下的船中，文天祥百感交集。国破家亡，功业未遂，只有“孤臣腔血满，死不愧庐陵”了。经泰和时他悲号：“丹心不改君臣谊，清泪难忘父母邦”。可是，顺风顺水，过了庐陵城，文天祥没饿死，元军又灌食，使他求死不得。而此时，庐陵城江边跪着许多百姓，望着押拘文公的船北去。曾为文天祥部属的安福籍青年王炎午，是南宋的爱国者、散文家和诗人，写了篇《生祭文丞相文》，与友人抄了许多份，从赣州一直贴到南昌的码头、驿站、店铺。他希望文天祥见到祭文，“速死”而保持名节。这篇千古奇文，铺陈排比，列举事实，强烈要求文公以死明志，可死不可生。他认为，文丞相“文章邹鲁，科甲郊祁，斯文不朽，可死”，“二十而巍科，四十而将相，功名事业，可死。仗义勤王，受命不辱，不负所学，可死”。如果“志消气馁”，“岂不惜哉！”刘文源对笔者说，文天祥当然见不到这篇“生祭文”，可他的心与家乡父老的心是相通的，文公是决不会“愧庐陵”的！身未亡，却有“生祭文”传千古，在历史的长河中，也只有文天祥一人了。

在宫殿式的吉安县文天祥纪念馆，我默诵着这篇悲愤欲绝、催人泪下的“生祭文”；在新建的宽畅壮观的吉安大桥上，笔者遥望亭亭如盖的大榕树下当年泪祭文公的大码头；在吉安城北螺子山下庐陵文化生态园复建的“文丞相忠义祠”里瞻仰文公的业绩，在雕有状元文天祥塑像的白鹭洲书院，我沉浸在近800年来生生不息的酽酽书香里，无时无处不感到，家乡人民对文天祥的敬爱太深了，太浓了，凝结成了永不褪色的记忆。

胡 广

【内阁首辅胡广】

彭庭松

一

胡广，一名靖，字光大，号晃庵，过去属于吉水大洲村，现在划入吉安市青原区天玉镇，村庄也改作胡家边村了。天玉原名天狱，镇因山而得名。山不在高，有仙则名，天玉山本是江南道教圣地，唐代吉州刺史阎寀曾在此修炼。传说山上有块平地，用脚使劲踏，还能发出“咚咚”声音，原来山体里面有空洞，关了很多妖魔鬼怪，因而山也就被唤作天狱了。胡广中状元后，觉得山名妖气晦气太重，与自己欢天喜地的心情怎生相配呢？于是他来到山上道观，命人准备笔墨，大书“天玉名观”几个大字，以替代原来的牌匾。状元发话，周边民众乐得讨个吉利，天玉山自此便定名了。

胡家边村位于天玉山脚，赣江边上，风光自是不凡。顺着赣江直下就到吉水墨潭，中有桃花岛，自古是旅游佳地。这儿离胡家边不远，也是胡广年少时经常去游玩的地方。他也曾写诗描绘：“锦鲤洲前芳草生，澹烟起处雨初晴。

独倚斜阳看烟景，人雨桃花几多情。”家乡秀丽的风光，激发了他的诗情和才思。江山之助偏爱了这位才智聪颖的年轻人，江流的开阔预示着他远大的前程。

在今天的胡家边宗祠，一块“状元及第”的牌匾赫然在目，祖上的荣耀像是一剂兴奋剂，在勃勃地激励着后人。祠堂还悬挂有“理学名臣第，状元宰相家”的对联，这是胡广带给村中人的最大骄傲。而“宰相新居独是春风桃李，状元故里依然金马玉堂”这一自信满满的对联，据说是胡广当年在家乡跑马建新居时脱口而出的。这样的高调和得意，自是诗人的气质使然。史载胡广为官十分缜密，是一位低调大师。只有回到家乡，他才觉得放松和放心，因而真性情也就自然流露。家乡就是这样，可以让人撒娇和撒气，没有比这更温馨和安全的所在了。

“为忠照千古，居简垂千秋”，宗祠的这副对联嵌入“忠简”二字，纪念的是胡氏先祖胡铨。胡铨，南宋名臣，芗城（今江西省吉安市青原区值夏镇）人，忠简是他的谥号。胡铨因上奏章《戊午上高宗封事》而闻名天下，奏章中请斩秦桧等奸贼，自然惹恼了权势熏天的秦桧，流放他到海南岛。他自始至终未曾向主和派低头，过了23年的流放生活。来不及考证是从哪代开始，胡铨后人的一支沿泷江到赣江，最终选择到大洲开枝散叶。值夏和天玉相隔不远，如今都属于青原区管辖，两地胡氏交往应是方便和频繁的。

胡广的父亲胡子祺，进士出身，曾历任洪武年间广西按察佥事、彭州知府、延平知府等，官职相当于今天的正厅级。有此条件，胡广本该安心读书。但在他8岁时，父亲就去世，家境一落千丈。他的学业就由叔祖父胡子贞亲自调教，在家乡筑长林书屋苦读。大洲长林，连起来是多么有意境啊。我宁肯相信长林就是家乡的一片狭长树林，将书桌搬到树林中，旁边是赣江如带悄悄过。一定要掉书袋，这长林最早当出于嵇康《琴赋》：“涉兰圃，登重基。背长林，翳华芝。”又他在《与山巨源绝交书》中说：“虽饰以金镳、飨以嘉肴，逾思长林而志在丰草也。”如果将一个积极进取的书屋取个隐士的名字，不说是虚伪附庸，至少是名不副实的。

官家子弟见多识广，自然气度非凡。胡广少年时，日记数千言。等到长大后，又到福建去，拜鸿儒黄仲器为师。也曾在吉水县城，受教于解缙的父亲解开，与解缙同窗，开始了他们长期的亲密交往。有了名师的指点，胡广学问猛进。

在乡试中，他一鸣惊人，获得了第二名，差一点就将解元收入囊中。在第二年京城的会试中，他也取得了第八名的好成绩。金銮殿里的考试近在眼前，故乡的期待并不远在天边，胡广踌躇满志，而立刚出头，他会用怎样的功名为后来的人生送上厚礼呢？

二

在今天吉水县城三中旁边，有汪水叫鉴湖，这是吉水文脉所在。文峰山，鉴湖水，有着许多美丽的传说，给这个文风鼎盛的县城增光添彩。谚语云：“水绕鉴湖弦，文江出状元”，又说“鉴湖水决状元出”。其寓意是，就像是一条龙藏在湖中，如果它要怒吼而出，这鉴湖就要决堤涨水，老百姓付出沉重代价，就等着看一位状元的诞生。这年，鉴湖水又决堤了。吉水县的考生表面上都在哀叹，内心却激动不已，不知道这个出状元的预兆会不会落到自己的头上。

胡广来到金銮殿，坐在上面的天子是建文帝。建文帝名叫朱允炆，是朱元璋的皇孙。父亲朱标死得早，所以皇帝的使命和担当就落在了他的肩上。这是一位爱好读书的皇帝，心慈手软，喜好儒学，温文尔雅，更像是君子，怎么看不像是君王。真正的君王命在北方呢，他的叔叔燕王朱棣，对帝位虎视眈眈。为了天下的长治久安和自己皇位的巩固，朱允炆听从了黄子澄、齐泰和方孝孺的建议，效仿西汉和唐朝故事，大力削藩。这真是一场政治冒险，主弱藩强，何况又是刚刚登基，羽翼未丰。前朝教训史书有载，看着遥远，其实不远啊。

殿试照着惯例在进行，主要考对策。结果出来，成绩排在第一名的是王艮，也是吉水人。莫非他就是鉴湖水中冲出来的这条龙？皇帝打量了王艮一番，结果很是失望。王艮长得矮黑瘦小，不像是皇帝想象中的知识分子，于是眉头一皱。吩咐继续唱名，第二名胡广出场了。

“怎么？他叫胡广？”皇帝一下子精神抖擞。胡广与西汉名臣同名，这让皇帝油然而生兴趣，并不由自主产生好感。西汉胡广乃六朝元老，82 岁时驾鹤西游，灵帝还将胡广的画像，悬挂于内阁，以示隆重表彰之意。《后汉书》都赞叹说“汉兴以来，人臣之盛，未尝有也！”对于臣子来说，这的确是恩荣，做到这份上，人间无憾。但一个人能参加五个皇帝的葬礼，对于皇帝而言是不是一种悲哀呢？估计当时心情不错的建文帝压根儿就没有往这儿去想。

皇帝突然笑了。昨晚他还在宫中问小太监：“你们猜猜看，今年的状元会是哪里人呢？”有个小太监尖声尖气地回答：“启禀陛下！小奴猜是湖广。”这难道是天意？年轻的皇帝抬起头来，打量这胡广时，只见他一表人才，魁梧雄壮，分明是状元标准画像嘛。又再仔细看看他的试卷，里面有的是“亲藩陆梁，人心摇动”之语，对削藩政策明确表示了支持。皇帝有了定见，果断钦点胡广为状元。让王艮退后一步，做了榜眼，第三名探花李贯也是庐陵人，这一榜让人感觉有点时空错乱，仿佛这是江西乡试榜似的。

皇帝接着对新科状元说：“胡广这名字，在过去挺好。但在今天，胡人怎么能广呢？现在朕最关心的事情，就是靖边啊。我看还是御赐你更名为靖好了。”皇帝帮着改名，当然不是因为胡广是吉祥物，内中包含着对未来的期待，总希望有那么一天，这位状元能带领千军万马，去靖边定民，建功立业呢。尤其是今日北边蒙古鞑靼，对，还有那总不服气的燕王，是块人人怕啃的硬骨头啊。

胡广这状元，说客气点，起码有一半是皇帝帮他抢过来的。他对皇帝千恩万谢应是情理当中的事。照常理来说，王艮是最恨皇帝了。乡野村夫都知道，海水不可斗量，人不可貌相，作为一国之君，带头看颜值，你这是要引领时尚，不做潮人死不休吗？

三

燕王朱棣到底还是与朝廷公开对抗，打的旗帜当然还是清君侧。他一再表明，自己对皇位没有兴趣，举义兵完全是因为朝纲紊乱，他要恢复祖制。没想到宣传舆论工作他做得好，朝廷那一班儒生明明道义上有制高点，结果反而被动，哎，果真是书生误国啊。建文帝自己也对削藩信心不足了，竟然要求前线将士说，仗可以打，但千万不要伤着我叔叔，否则我就成为千古罪人了。

建文四年，战争势若破竹，燕王兵临南京城下。守城的两个将领投降了，第二天燕王就要进城了。这给君王和大臣们出了一道限时选择题，是生还是死，这是个值得考虑的问题。建文帝下落如何，成了一个千古之谜。一说是流落民间，就像戏剧中所说“收拾起大地山河一担装，四大皆空相”，最后可能当僧人去了。正史的记载，是说他自焚宫中。燕王看到起火，马上派人去抢救。结果来不及，对着烧焦的尸体，燕王痛哭，说：“我就怕你这样啊，你咋这么痴呆啊。”

大臣们自然分作两派，一派是自尽、被杀或逃亡。按照封建正统观念来，这自然要受到表彰，《明史》云：“‘靖难’之役，朝臣多捐躯殉国……从容就节，非大义素明者不能也。”一派自然是依附燕王，这批人的选择不乏有痛苦煎熬者。

胡广此刻的心情如何？让我先抄段《明史》的文言：

燕兵薄京城……解缙、吴溥与艮、靖比舍居。城陷前一夕，皆集溥舍。缙陈说大义，靖亦奋激慷慨，艮独流涕不言。三人去，溥子与弼尚幼，叹曰：“胡叔能死，是大佳事。”溥曰：“不然，独王叔死耳。”语未毕，隔墙闻靖呼：“外喧甚，谨视豚。”溥顾与弼曰：“一豚尚不能舍，肯舍生乎？”须臾艮舍哭，饮鸩死矣。缙驰谒，成祖甚喜。明日荐靖，召至，叩头谢。

这是一段生动而又耐人寻味的记载。南京城陷落前一天晚上，解缙、吴溥、王艮、胡广四位比邻而居的江西人，一起聚在吴溥家里商讨出路。解缙和胡广都大义凛然，王艮只是哭着不说话。吴溥没有说话，大概他觉得很难做到尽节，只好顺其自然。吴溥的儿子听完了他们的谈话，特别为胡广感动，说：“胡叔叔能死，这确实是大好事。”吴溥说：“不会的，只有你王叔叔会死。”话没有说完，就听到隔壁胡广大声喊："外面喧闹，小心看好猪，别让它跑了。"吴溥转过头来对儿子说："一头猪都舍不得，会舍得命吗？" 不多久，王艮家里传来哭声，他喝毒酒死了。解缙飞奔出城去拜谒燕王，燕王很高兴。第二天推荐胡广，将他召来，胡广叩头致谢。

在今天看来，王艮等一大批坚持忠义的人选择殉道，这是值得尊敬的，因为他们是为道义而死，并非是愚忠。解缙本来也有尽节的打算，但当他听到王艮家的哭声后，突然冷静下来。其实，建文也罢，燕王也罢，皇位都是他们老朱家的，谁当有什么本质区别？只要把天下治理得好，有何不好？唐太宗当年不也是逆取顺守的吗？况且天下大乱后，人才凋敝，都去自杀，个人节义是保全了，但于天下苍生呢？想到这里，解缙才觉得不对，必须让大家安定下来，于是他飞快出去投降。他也愿意自己带头"失节"，来给大家一个台阶下。

胡广内心的斗争一定会比解缙更激烈。因为皇帝于他个人而言，还有知遇之恩，受尽冤屈的榜眼都死了，自己活着的压力不是更大吗？但他毕竟还是响应了解缙的推荐，最后做出了同样的选择。这样的选择可以理解，在客观上对国家也是有利，但对于个人节操而言，确实不值得推崇。在我看来，崇高总是比明智高好几重境界。

四

明成祖朱棣确实是一位雄才大略的君王。虽然他将读书人的种子方孝孺杀了，并且株连十族。但他深知文臣对于治理国家的重要，他甚至比前朝更重用了文人。他在位期间，加强了内阁制度，先后任用黄淮、解缙、杨士奇、胡广、金幼孜、杨荣、胡俨等七人为成员，并设立首辅制。其中除黄淮、杨荣外，都是江西人。

成祖在位，文武两手都硬，开创了所谓的永乐盛世。这当中自然包含有胡广较大的功劳。在文治方面，成祖令解缙为总裁，全面负责修成了浩瀚的百科全书《永乐大典》。令胡广、杨荣、金幼孜等修成《四书五经大全》，颁行天下，对明代科举考试影响甚大。胡广在修成《大全》过程中，出力甚多，自己主编的《周易大全》在学术上成就也高。《大典》和《大全》两书朱棣亲自作序，冠于书首。

成祖对胡广始终信任有加，君臣相得。归附后，胡广自然将前朝皇帝御赐名胡靖改回原名。胡广深具官场性格，他做事缜密，谨守本分，私交很少，也少讲情面。皇帝每每与他商讨机密，他都能高度保密，这让皇帝很是放心。胡广是聪明人，深谙皇帝心理。成祖喜欢搞点迷信，比如大封武当山，宣称自己是真武再世之类。有一次皇帝作法祈福，胡广献上《圣孝瑞应颂》，文采得体，所论周详，皇帝读后三万六千个毛孔，无一不舒服。后来，礼部郎中周讷效法，上书要皇帝封禅泰山，群臣也跟着附和。唯独胡广反对，以为不可，作了篇《却封禅颂》上奏皇上。皇上读后深以为然，更加对胡广青眼相看，以为他是敢言的直臣。

成祖两次北征，都将胡广带上。有次太子也跟随，皇帝就让胡广等给他上课讲经。两次北征，胡广作有《扈从集》和《扈从北征日记》，有很高史料价值。打了胜仗之后，勒石记功，成祖都让胡广来书写。如“玄石坡立马峰”“捷胜冈”等都是胡广的墨宝。

北征中，有次胡广、杨荣、金幼孜、金纯等在山谷中迷路，金幼孜从马上摔下来，胡广、金纯头也不回还是往前走。杨荣帮他整理马鞍，后来还将自己的马让与他坐，直到归营。皇帝见他们安全回来，非常高兴，还特地表扬了杨荣的助人为乐精神。杨荣谦逊地说：“这是应该做的啊。我们本来就是同事。”成祖转过头来对胡广说：“难道胡广不是同事吗？他怎么头也不回呢？”

有一次在宴席上，成祖提到解缙和胡广。说你们真不容易，同乡、同学、同僚，这么好的关系不能断啊。这样，胡广你女儿将来出世了，就嫁给解缙的儿子解祯亮吧。胡广急了，说：“皇上啊，我老婆还没生呢，怎么知道就一定是女孩呢？”成祖哈哈一笑，说：“我看十有八九是女儿。这事就这么定了。”

胡广只能称谢。

世事难料，后解缙出事下狱，被锦衣卫活埋在雪地里冻死。解缙死后，全家被流放到辽东。胡广果断想解除婚约。女儿很不高兴，割耳朵发誓说：“我这婚事是皇上亲自做媒玉成的，全天下人都知道。如果要毁约，我们如何有好评？父亲大人一定要这样做，女儿只有死路一条了。”如此烈女，怎能不让人肃然起敬？等到解缙平反，解祯亮回到京城，胡广女儿仍归嫁于他。

读到此处，不胜唏嘘。想到解缙的《答胡光大》诗，词句凄恻，感人至深，两人交情非同一般。怎么能一出事，就急于如此撇清关系呢？诗中解缙写道：“去年雪中寄我辞，一读一回心转悲。结交谁似金兰契，举世纷纷桃李姿。”胡状元啊，我倒是要问问你，当年你打动解缙的诗篇不是你写的吗？你是不是和这个势利世道一样，没有了松柏性，而只有了“桃李姿”呢？

五

永乐十五年（1418）胡广病逝，享年 49 岁。赠礼部尚书，谥文穆，谥号的意思是“勤学好问，布德执义”。明代朱元璋曾一度废除文臣谥号，至成祖时又恢复，姚广孝、胡广成为首批受赠谥者。胡广灵柩回乡，经过南京时，太子朱高炽亲自祭奠。到太子登基后，又追封胡广为少师。据相关志书记载，胡广墓在天玉山下。在他的村庄，立有太师坊和宰相坊。岁月沧桑，不知道这些文物尚存否？

纵观胡广一生，在状元中算是有建树的。他长期担任阁员和首辅，是永乐盛世的重要参与者，在政治上还是很有才华。他一生也顺风顺水，备受恩宠，故庐陵老乡杨士奇也感慨，说“其文臣遭遇之盛者”，首推就是胡广了。

《四库全书总目提要》载其别集有《胡文穆集》二十卷。《胡文穆杂著》一卷，为“随手札记”。其实《胡文穆杂著》也包含在《胡文穆集》中，后来不知怎么成为“别行之本”。对于别集，四库馆臣认为“未足名家”，倒是这杂著，反倒认为是“说部之中犹为可取者”。

四库馆臣站在封建正统意识形态的立场，对于胡广在集中“极论靖难之事，斥死节诸臣之非，而以广之迎降为是”的种种辩解，不以为然，直斥为“持论殊为倒置”。对于他的一些大义凛然的论述，也怀疑是不是“自知大节有亏而故为成仁取义之言，以掩后世之耳目欤？”反正胡广大节已亏，在卫道士看来，一切高尚的话语只能证明其人的虚伪。胡广内心对于所谓失节，多少也会有所在意，这是人之常情。他曾找准机会，劝成祖对建文党羽不要牵涉过广，株连过头，成祖也采纳了他的建议，这也算是自己亏欠心理的一种补偿吧。不过，在对待著作时，确实不能因人废言，不然我们就无法正确对待胡广集中的精华。

胡广擅长书法，不只是皇帝欣赏，王世贞也高度推许。我读过他几首诗，很惊异他的诗作才华。他的诗歌有人称之为台阁体，我以为是不准确的。胡广诗作感情真挚，颇能动人，如《送江仲隆》：“十年清宦住京畿，白发萧萧老布衣。乡里交游前辈在，关河离别故人稀。官桥细柳藏新雨，水驿轻帆背夕晖。我有愁怀何处遣，秋来日望雁南飞。”抒发的是远离家乡，物是人非后的思乡之情。他在《示长儿穜》中告诉儿子，男儿应该有报国之志，不要有求名之心。“从来贫贱多真乐，陋巷箪瓢是我师。”物质生活的匮乏不要紧，要紧的是要像颜回学习，在艰苦条件下，追求道义上的快乐。

在诗艺上，我以为其诗轻快流畅，有举重若轻的潇洒韵致。对仗工整，无生涩之感，依稀可见到白居易和陆游对他的影响。有人认为他的诗歌“豪宕”，这是从他诗风的清朗有力角度说的。明朝诗歌研究相对来说薄弱，胡广诗歌的研究更是寥寥无几，他的成就与所受到的重视程度是不成比例的。加强对胡广文学创作的研究，一定会让这位状元的形象更加鲜活，从而更加全面去看待他。

【寂寥的大洲】

罗志强

吉安城郊的状元胡广故里——胡家边我去过几次。这片与赣水相依的土地，古称大洲。洲上与之相生相息的，还有临江、邱家等村落。

第一次去在十多年前，算是寻访。它原属吉水县，后划入县级吉安市，今又归青原区，历史的变迁为它留下了几许沧桑？出于对历史名人的崇敬，在青原工作，没去过胡广故里，似乎说不过去。第二次则在七年前，算是探访。时空已经跨越 600 余年，一个堂堂的明朝大状元到底给我们留下了什么？青原作为庐陵文化的核心区域之一，胡广是否因了文天祥而淡去了应有的光芒？

因紧邻赣江，未设防洪大堤，这座原有 80 多户的村庄大多已搬往地势稍高的天玉圩镇上，留下些上了年纪的长者眷恋故土，与它相守。这里，遭赣江洪水浸泡过的房屋愈显斑驳，其开基祖从值夏道院迁入，大概是相中了这背倚天玉山面朝大赣江的风水。2001 年 6 月重修的胡氏宗祠面江矗立，“状元及第”匾额高悬大门之上，楹联“理学名臣第，状元宰相家”铭记着这座村落的荣光。

此次探访，已 90 高龄的长者胡天福和初寻胡家边遇见时一样，荷锄在自家的菜地里劳作，虽然听力有所减弱，但腰板依然挺直。又巧遇年八旬的族长公胡利懋，他丢下手中农活，把我等带至胡广老居。杂草丛丛，一座见证历史的民居，以残垣断壁的外观让我感叹，更有守护在门前的一对石雕貔貅不惧寂寞,承载着沧海横流。老族长向我们讲述着胡广高中状元后回乡“打马立莹”和故去时百副棺木出殡的逸闻轶事。据胡氏后人考证，胡广为南宋名臣胡铨十世孙、胡家边基祖胡敬之五世孙。同饮赣水，胡广承继着先人的才情和本分，以光照时代和宗族的荣耀为后人注目。明惠帝建文二年（1400），胡广大魁天下，授翰林修撰。随后的朱家叔侄“靖难之役”丝毫不影响国之栋梁的使用。明成祖即位，胡广累官至文渊阁大学士，兼左春坊大学士，做了十一年名震朝野的内阁首辅。曾两次从帝北征，以醇谨见幸，卒谥“文穆”，成为明朝首位获封谥号的文臣，著有《胡文穆集》二十卷行世。这些，从事历史文化研究的较为熟悉，而更多的乡人和游客鲜为知晓。

说起胡广，自然绕不开一个人，他的吉水同乡解缙。当年，明成祖见他俩同乡且关系甚好，有意让他们结为儿女亲家，不料后来解家遭难，引出胡广悔婚约之事。学术界和民间评及胡广形象，还总提及其归附朱棣一事。解缙、胡广、王艮三老乡同为建文帝的信任近侍，在其就要倒台时，却作出了不同的选择。解缙的陈说大义却“缙驰谒”，胡广的愤激慷慨却“召至，叩头谢”，王艮的默言流泪而从容自杀，几乎成了检验三人品行气节的铁证。世事变幻，人难完美，留下一件两件遗憾或差错，或更能让后世认知一个人的真实与鲜活。作为一名历史人物，从其应有的身份价值来评判，胡广是幸运的，当年惠帝因王艮相貌不扬而改擢他为第一，服务于大明王朝有了高起点。胡广还是无愧的，他为治国安邦敢进忠言，阻止成祖封禅意图，进言停止在民间追查建文帝旧臣及家眷，平息诸多冤狱，关注百姓疾苦，青史已留其名。

诸多的传说评价，加之吉安地域状元文化的日益兴盛，牵引着我一而再再而三地寻迹胡家边。近访胡家边是在农历戊戌五月。此时的状元故里，更显出奇的寂静，除了几声林间鸟啼，遇不见鸡鸣犬吠。遍洲的绿意，原生态般恣意生长。古樟掩映村落，水墨画般等候归人。空气中散发着植被的青涩和牛粪的味道，每一次深呼吸，我都在感觉离这村庄的灵魂越来越近。

此行，我未能遇见前几次拜见过的村中长者，我祈祷村中守巢老人们的健康长寿，这有福之地，一定会接纳我们的祝福。却有幸遇着曾任天玉中学校长、与胡广同族同房的胡秋林先生。胡校长为胡家边基祖敬之公二十五世孙，退休十年，热心于家乡的文化研究，尤其是状元胡广的史料、遗迹挖掘，多篇文稿被报纸、网站采编。当年所谒的胡广故居遗址，便是胡秋林先生笔下的“长林书屋”，今已由族人原址复建为雄大气派的状元第——胡广公祠。胡家边人引以为自豪的胡铨、胡广两公画像供奉于状元第正厅香案之上。“光华曜日月，大业垂古今。”门联嵌胡广字“光大”，大气磅礴。那原址留存的红石门额嵌于祠堂正门之上，让人想着岁月的久远。那对曾被我误识为石狮的貔貅经过洗涤，重现数百年前的灵光。这乡间难得一见的瑞兽，何以出现在胡广故里，引出后人的考究兴致。当年，胡广在故居“长林书屋”勤学苦读，从经史子集，到诗词曲赋、临帖摹碑，皆精通谙熟醉心，年少曾赋诗咏其故里形胜：“芙蓉隔江罗翠屏，孤峰独拥金螺青。两山秀色挹青翠，千古气入秋冥冥。”（《题江头八景·其一》）如今江头八景诗文已被题写在祠内廊间，由建文帝命题、以“神、真、人、尘、春”五韵而作的百首梅花诗亦刻嵌于大门两侧，与门额留传的阳刻“凝秀”二字相呼应，让满庭充盈秀色和芳香。最让我感叹的是，胡秋林先生还寻得年久废祀的胡广古墓，位于天玉山脚胡家边祖山“海螺神”峰下，并测定出其经度、纬度。当年百棺出葬，目的是防盗防毁，不意给后人留下查证之谜，但愿文物部门和有关专家能尽快考证。

由胡广墓、天玉山而想到青原历史上的另一位状元文天祥墓和他拜过的天马山。关于文天祥的故事早已写入青原的乡土教材，尤其境遇和磨难已升华为震古烁今的民族魂。青原两状元，一个美男子，一个伟丈夫。历史记住了他们，不仅在于他们的状元名分，更在于他们淋漓尽致地张扬了这方水土赋予他们才气、胆气和豪气，他们无愧于庐陵。相对于文天祥，多活了两岁的胡广算是安逸了许多，他真有点像封存于历史档案里的美玉，不翻阅它，难见内在的光芒。而文天祥恰如天马，七百多年来一直纵横在历史的天空。

同样，相较于他的先祖、忠烈名臣胡铨，胡广这位状元公也算是位历史上有争议的人物。至少，明末的徐霞客代表一种观点，否则他游历吉安，从梅林渡过大洲，游赏天玉山、嵩华山、青原山，总该在胡广故里停停脚，拜谒拜谒，喝杯茶什么的。什么都没做，似乎态度鲜明。好在胡广早已作古，历史给了他中肯评价。只是在胡家边，在大洲，包括毗邻的临江、邱家等村落，真的有些遗憾，口口相传的轶事越来越少，除了族谱，除了那棵祠旁古樟，那对石雕貔貅以及貔貅守护的那座新修复的“状元第”，何处还能触摸到这位大明状元的脉跳和余温？纵然有胡氏宗祠、状元第将其敬奉，但在这只能闻听水中涛声和林中风声的江滨，他只能享受落寞和寂寥。

但它终为状元故里，我期待它有更多的探访者。

寿屏（江西古舟岛文化旅游开发公司藏）

曾　棨

【永乐朝开科状元曾棨】

顾宝林

曾棨（1372—1432），字子启，号西墅，明吉安府永丰县龙潭（今佐龙乡曾家村）人。三岁识象棋，七岁入塾，就能读书成诵。15 岁设馆授徒，20 岁参加县学考试，列为庠生，32 岁中状元。官至詹事府少詹事，61 岁卒，赠礼部左侍郎。

一

明太祖洪武五年（1372），天下初定，海内清一，朱元璋正雄心勃勃地制定各种国家管理政策和制度，以便让大明江山世代永固。这一年的八月，远离南京千里之遥的江西吉安府永丰县的龙潭乡曾家村刚刚诞生一位婴孩，这个就是日后永乐皇帝朱棣的开科状元曾棨。

曾棨的父亲曾洵在元末群雄纷起、江山飘摇之际，没有机会参与科举考试，基本游闲在家，后来在曾棨祖父的督促下，找了门张家亲事才结束了单身生活。曾家祖上较为殷实，一家老小的生活倒也无忧。然而随着日子流逝，曾洵总是有块心病郁积在胸，原来和张氏成婚多年，膝下尚无丁点子嗣，这可是极大的不孝和无脸面的事情啊。就这样尴尬地又过了几年，直到曾洵捱过了40岁，才生下曾棨，算是老来得子，一家人不胜喜悦。据说曾棨百日试周时，其他物件统统不要，唯独抓住一本已经有些发黄的《诗经》爱不释手，上下亲友目睹此状，纷纷称赞此儿他日不可限量。征得祖父曾老爷子的同意，曾洵为之取名“棨”。“棨”者，木头做的一种通行证，略似戟形，又代指官吏出行的一种仪仗。很显然曾洵希望这个儿子能够成长得一帆风顺，畅通无阻，将来能够踏入仕途，青云直上，因而一门至亲对曾棨锦绣前途寄予厚望。

曾洵因自己未有机会走仕途经济的道路而遗憾，所以很自然地将举业的希望寄托在这个不同凡响的儿子身上，除了亲自督导蒙学，还特别延请了附近饱学的私塾先生进行严厉教导。曾棨倒真的是块读书的料，两三岁还在牙牙学语时就能背诵“远看山有色，近听水无声”等唐诗，五岁时已经能够把百余颗象戏文字识读全遍，记忆力超常。不仅如此，曾棨还文思敏捷，不求甚解，对一切陌生的事物都充满疑问和兴趣，有时提问搞得私塾先生都尴尬得下不了台。曾棨长大到六七岁时，曾洵委托自家学问博洽的弟兄好好督导管教。后来随着添丁进口，开支渐增，原本殷实的家庭日渐变得窘迫。为一家老小的生计，曾洵不得不外出替人帮工，而小小年纪的曾棨也常常不得不抽出时间帮父母分担点家务，其中做得最多的事就是放猪了。为此，附近一些贫穷无法读书的玩伴常常拿曾棨放猪的事开玩笑，他们编了自创的儿歌，如：“曾家有个小儿郎，出了书堂去猪场。路遇一条大黄狗，吓得哭爹又叫娘。”曾棨每次听到这些戏谑声，都觉得好气又好笑，但生性较为豪爽的他时间久了，也就罢了，毕竟都是左右邻舍的玩伴，抬头不见低头见，犯不着斤斤计较。

明太祖洪武十九年（1386），15岁的曾棨已经长得像男子汉了，且学问日益精进，成了曾氏族人年轻一代中的佼佼者。随着洪武十七年（1384）朱元璋重新恢复科举考试，天下的读书人“学而优则仕”的壮志豪情又被激发出来，各地重学兴儒的运动又轰轰烈烈地开展起来。龙潭曾家因一时找不到合适的教书先生来任教，于是“腹有诗书气自华”的曾棨便被推举为本族子弟的业师。年少的曾棨在与众人的教学相长中，不仅切磋学问，也磨炼了脾气与秉性，变得更坚毅从容，颇有年少老成的气度。洪武二十一年（1388），因父亲曾洵年迈而没有功名，开始缺少生活来源，曾家一下子跌入困顿之中，17岁的曾棨不得已离开父母远走他乡，投身于新淦胡氏，做了私塾先生。当地名儒也是隐士的邹仲熙、邹幼亨素来仰慕曾棨才名，与之交往最多，后来三人成了忘年之交。（杨荣《西墅曾公墓志铭》）

二

洪武二十四年（1391），弱冠的曾棨以优异的成绩考入永丰县学，列为庠生，也可以算是秀才了。当时负责县学的教谕戴正心非常赏识曾棨，多次写诗鼓励曾棨珍惜光阴，好好把握机会，争取早成功名。在戴正心的热心关怀和认真督导之下，曾棨的学问突飞猛进，两年后吉安府进行州试，果然不负众望，以出色表现一举拿下吉安府魁首。正当曾棨踌躇满志，为乡试悉心准备时，他的父亲曾洵竟然一次意外摔伤，一时不能动弹。这个突如其来的变故让原本清贫的家庭更显局促。迫不得已，曾棨在戴正兴的一再惋惜声中退出了县学，奔走于吉水县桑田村周家，被聘为私塾先生，教授周述、周孟简从兄弟。周氏兄弟也非一般的纨绔子弟，皆是聪颖灵敏好学深思的年轻人。平日里师生三人高谈阔论不亦乐乎，互相切磋学业，砥砺品节，互为发明，倒也志趣相投其乐融融。

洪武三十一年（1398）闰五月初十日，明太祖朱元璋逝世；十六日，皇太孙朱允炆即皇帝位，第二年（1399）改元建文。这一年的八月秋，三年一次的乡试开始，曾棨和自己的两个学生周氏兄弟一同结伴进省城参加考试。遗憾的是，作为先生且原本志在必得的曾棨考砸了，他的两个学生周氏兄弟却发挥优异，双双中举。这个喜忧参半的结果令曾棨的处境颇为尴尬，于是不顾周家的一再挽留，曾棨请辞回乡，回到龙潭老家重操旧业，一边继续担任本族教授子弟的任务以缓解经济困窘状况，一边发奋复习苦读积极备考。乡试中举的周家兄弟也在积极备考会试之中。建文二年（1400），乡试成绩不俗的周氏兄弟春闱会试不中，或许冥冥之中上天要他们与其师曾棨一同参加大考了。永乐元年（1403）癸未秋天，江西又举行乡试，曾棨第二次参加，终于以优异成绩中举，敲开了通向会试的第一大关。

永乐二年甲申（1404）二月，三年一次的会试即将进行。负责本次会试的主考官为吉水人、时为翰林学士的解缙。在永乐初期，解缙还是春风得意，成为朱棣器重的一个人。当曾棨还在新淦胡氏家充当私塾先生时，大才子解缙已经高中进士。有这么一名吉安府同乡做榜样，曾棨的进取之心无疑更加坚定而强烈。说来也巧，曾棨是和吉水周家兄弟一起来京城应考会试的。结果此番会试，三人均发挥妥当，一同考中过关。本次科考是成祖继位后的首科，为揽人心，朱棣下令增加录取名额数，结果该科中式贡士 472 人，其中会元名叫杨相，字之宜，泰和县城东人。曾棨取得第八名，周氏兄弟也以排名靠前的等次入奏参加殿试。

永乐二年（1404）三月壬寅初一，曾棨师生三人等一同参加御试。成祖因为“靖难”才刚刚登上皇位，因而希望在礼乐制度上有所整顿和规范，这便构成了殿试命题的导向。

面对试题，曾棨文思泉涌，对策越写越长，从上古三皇五帝治世之道到天文历法、礼乐制度，古今结合，纵横捭阖，洋洋洒洒下笔万言，作答到最后竟出现尴尬一幕：不仅自己的稿纸用完了，连礼部备用的稿纸也告尽，对策仍尚未完结。这恐怕是科举历史上罕见的现象。忐忑之中，曾棨只好请示考官，最终在主考官解缙的同意下，以地砖代纸继续作答最后部分：“必其时与学俱进，德与位俱隆，而后前黄帝尧舜而圣者，质之此心而无愧；后黄帝尧舜而圣者，揆之此道而无异。推之四海而准，传之万世而信。穷天地，亘古今，四三皇，六五帝，而不失天下之显名也。惟我皇上留意焉。臣谨对。”（清李光地《榕村语录》卷二十七《治道一》）结果成祖试取到曾棨一大叠对策后，眼前一亮，龙颜大悦，批策道："贯通经史，识达天文，有讲习之学，有忠爱之诚。擢魁天下，昭我文明，尚资启沃，惟良显哉。"于是擢为第一。周述、周孟简兄弟分获榜眼、探花。最终永乐二年（1404）甲申科，一甲第一人曾棨，授修撰，第二人周述，第三人周孟简，皆授编修；其余举子分列三甲，共计取进士472人。这科进士再次让一个文风昌盛、人才辈出的江西吉安府扬名——科甲之盛，甲于江右，这声名可不吹的。据《万历吉安府志》卷六记载永乐二年曾棨榜，吉安府中试进士28人（有的资料记载36人），在当时全国十三道之州府中排列首位，尤其具有爆炸性新闻效果的是该科一甲、二甲前三均是吉安府人氏，且此前一科即建文二年（1400）庚辰科状元胡广也是吉安府吉水县人，这种科第繁盛状况全国州府恐无二例。据说金銮殿唱名完毕，曾棨一时高兴，诗兴大发，歌诀一首，以之纪念："晓开三殿降丝纶，衮冕临轩策小臣。红烛影催金阙曙，紫霞香泛玉壶春。云霞九万扶摇近，礼乐三千制作新。浅薄未能宣圣德，原哥棫朴播皇仁。"（清李调元《制艺科琐记》卷一）

三

永乐二年（1404）甲申三月，进士张榜公布后，成祖朱棣又诏命物色新科进士，作为庶吉士，充翰林院人才库。第二年（1405）正月又命大学士解缙在新进人员中选"材质英敏者"，"俾就文渊阁进其学"，结果选用修撰曾棨，编修周述、周孟简，庶吉士杨相等28人，后又增加周忱共29人入选文渊阁。成祖亲自指示道："文渊阁古今载籍所萃，尔各食其禄，日就阁下，恣尔玩索，务实得于己，庶国家皆得尔用命。司礼监给笔札，光禄寺给饮食，分钞以市膏烛，赐第以为居止。"（丘濬《论简侍从之臣》三）可见明成祖对于这批新进人员期望甚高，给予的待遇也非常优渥。原本之所以选28人，据说是为了对应天经28宿，第二十九人周忱是主动提出加入的，"自请于上，诏从之"，当时被称作"挨宿"（祝允明《野记》），即额外增选的意思。这29人，据现代人考证统计，其中来自江西的有17人，而吉安一府即有13人。（王红春《明初永乐二十八宿庶吉士初探》）明成祖为了激励鼓舞曾棨等人，还特别下诏一道说：“人须立志，立志则功就，未有无志而建功成事者。汝等皆今自英俊，当立志远大，不可安于小成。为学必造道德之微，必具体用之全，慰问必驱班、马、韩、欧之间，古之文学之士，岂皆天成，亦积功所致也。”（丘濬《论简侍从之臣》三）从此以后这些被皇家选用的文人牢记圣训，奋发有为，勤勉学习。为了督导，成祖还会对他们进行考核，用今天的话来说，国家给予这么优厚的条件和待遇，不是请你来混饭吃和养老，而是要出成果，且具有经得起检验的成果。在此期间，曾棨表现优越。据明人黄佐《翰林记》卷四《文渊阁进学》记载：成祖“数召至便殿，问以经史诸子故实，或至抵暮放退。五日一休沐，使内臣道之，校尉备驱从，人莫歆其荣艳。上时搜奇书僻事以验所学，棨等多对诵如流，上甚喜之，多所奖赉。恒顾群臣曰：‘秀才辈，性子直，可亲近。’”而对于其他表现不佳或者考核不满意的也会施予严加惩罚。明陆釴《病逸漫记》记载道：“一日，令背《捕蛇者说》，莫有全诵者。诏戍边而贷之，令搜大木。棨等以书愬执政，执政袖其书见上，极陈辛苦状，因得释归。”由此可见，明成祖朱棣对这般开科文士期望甚大，因而责之甚切；而曾棨也是心地善良，宅心仁厚。

永乐元年（1403）九月，成祖命大学士解缙担纲，负责编纂一部包罗万象、涵盖古今世间一切知识的百科全书，要求“括宇宙之广大，统会古今之异同”，“凡书契以来经史子集百家之言，至于天文地志阴阳医卜僧道技艺之言，备辑成一书，毋厌浩繁”。初次接手，解缙似乎没有领会到成祖建设这项文化工程的真正意图，花了一年的时间就编定，取名《文献大成》并交差，孰料成祖并不满意，下令重修，并增派人员充当总裁管和编修人员。永乐三年（1405）元月，《永乐大典》重修工作开始，解缙仍然为总指挥，而在这个时候曾棨被举荐担当副总裁一角色。曾棨的加入无疑给解缙的工作带来了诸多的便利，为他减轻不少负担。在解缙等人的主要领导和曾棨等人的辅佐下，修撰队伍两千余人，兢兢业业，不辞辛劳，从永乐三年（1405）元月至永乐五年（1407）十二月，历时三年，这个规模浩大的文化工程项目终于完成。曾棨以其认真负责的态度和非凡超群的工作能力获得了明成祖的嘉赏，于是同年擢升为侍讲，并授承直郎。

永乐六年（1408）八月初一，明成祖朱棣决定北巡，第二年二月初八日，“以北巡告天地宗庙社稷”，初九日正式成行，时任侍讲的曾棨作为文学侍臣也奉命随扈巡幸北京。这是曾棨第一次扈从燕地的北京，既是皇帝侍臣的一份荣誉，更是一个翰林文士的责任。三月十九，北巡队伍抵达北京。曾棨不仅有幸一睹北地春光，见识诸多北地自然和人文风俗，而且巡游之余，常侍成祖宴席左右，应制赋诗，对景作文，繁忙而充实。据说有一次随扈外出，在成祖命下，一气呵成100首梅花诗，令朱棣大开眼界，连呼：“曾爱卿，妙！妙！妙！”曾棨因才思敏捷，下笔成文立就，又合乎成祖口味，因此多次受到嘉奖，以至于成了明成祖评判文人的一个标杆和文学侍臣的典范。每当有人引荐文士，朱棣都会习惯性地询问：“得如曾棨否？”意即才识和曾棨相比怎么样呢。

这一年十月，曾棨原本身体虚弱的老母亲不堪季节变化不幸病逝。在成祖的准予下，曾棨回到故乡永丰，开始居家守丧。永乐十一年（1413）二月，由于瓦剌马哈木部不断骚扰边境，明成祖决定再次北巡，恰逢曾棨守制期满，于是被征召随扈，再次巡游北方事务。二月十六日，北巡队伍由南京出发。十八日，大军到达凤阳，曾棨随成祖拜谒了皇陵。四月初一，成祖车驾到北京，在新修的北京城奉天殿接受朝贺。就在曾棨还在随皇帝北行的过程中，有人检举曾棨参与吉安府一同乡的奸党活动，形势非常危急，一旦坐实免不了牢狱之灾。一些与曾棨交好的官员不禁替他焦虑，曾棨自以为一身清白而竭力申辩冤情。然而监察却不为所动，仍然咬定曾棨涉嫌参与非法的政治活动。就在曾棨百口莫辩，可能身陷牢狱之际，案情上告到明成祖手上。朱棣了解有关情况后，特下旨一道，认为曾棨不知者不为罪，可原谅特赦。就这样原本难逃一劫的曾棨在皇上的直接干预下毫发未动，心里的石头总算落了地。一波刚平一波又起。曾棨还没来得及从涉嫌奸党案件中完全缓过劲来，家里后院起火了。原来曾棨所居在南京城西长安门外附近，一次家人引火不小心失火，大火不仅烧及曾棨家，要命的是火苗串到禁宫城垣。这可是火烧皇家宫殿啊，按大明律纵火罪论处，罪行不小，即是过失失火，曾棨也难逃干系，吃官司、陷牢狱都有可能，一家人可吓坏了。等到调查和监察人员准备上报明成祖如何处理时，朱棣再次因爱才之故，谕旨以批评教育结案处理。这样，曾棨又一次与官司牢狱擦肩而过。这一年，明成祖感念曾棨两次随巡北京，宴前席后，任劳任怨，表现卓越，功劳巨大，加升曾棨为承德郎，参与编修《太祖高皇帝实录》。

永乐十二年（1414）秋，北京地区进行乡试，曾棨被任命为主考官，全权负责考试事务。第二年（1415）正月，大名鼎鼎的一代才子、吉安府人的骄傲解缙因在立储等问题上得罪朱棣，被锦衣卫埋雪冻死。解缙之死，给曾棨带来不尽的哀伤和冲击，毕竟这个前辈老乡，曾经待他是如此热情热心，不仅在政治加以引荐，而且在业务上也悉心指导，让曾棨感佩不已。现在斯人离弃，曾棨也只有寄托哀思了。另外，解缙之死，也让曾棨加深伴君如伴虎的感触，某种程度，甚至有种兔死狐悲的情状。永乐十三年（1415）乙未科春闱，曾棨被钦命担任廷试读卷官，说明曾棨日益受到明成祖的器重。这一年录取进士 351 人，而吉安府再添殊荣，一甲第一名状元陈循来自泰和。也是在这一年，《太祖高皇帝实录》一书编撰完结，经永乐皇帝亲自审定后装订成册。为了犒劳有关编撰人员，明成祖论功行赏，曾棨为此获得“钞袭衣文绮”一套。两年后，曾棨被擢升为侍读学士。

永乐十六年（1418）是一个多事之秋的一年。正月初三，交趾（今越南北部地区）总兵官、丰城侯李彬上奏检举清化府俄乐县土官巡检黎利反叛。这个交趾多时归顺大明王朝，永乐登基后也纳贡多次，以示臣服，但没想到一些本地出生原先归化的长官骨子里怀有反叛意识，以至于二月份串通爆发几处武装叛乱事件。而正月二十三日，长期觊觎大明的倭寇又攻陷松门卫（今浙江温岭东沿海）。三月曾经追随成祖 20 余年、与修《太祖实录》《永乐大典》的太子少师姚广孝离世。这个姚广孝是朱棣夺位登基的重要功臣。成祖继位后，姚广孝担任僧录司左善世，又加太子少师，被称为“黑衣宰相”。作为朱棣的近臣，曾棨与姚广孝有所交游，比如《西墅集》卷五有《和姚少师广孝近体雪诗》《姚少师所藏八骏图歌》两首，即是曾棨写给姚广孝的。永乐十六年（1418）二月戊戌科会试在京师举行，已经升任侍读学士的曾棨受命担任考试官，全权负责有关进士考试事宜。这一科得董璘（今江苏高邮人）等中试举子 250 人。（《明太宗实录》卷一九七）三月廷试，一甲一名状元李骐（今福建长乐人），榜眼刘江（南京人），探花邓珍（江西吉水人）。本科吉安府共有 24 人中进士（刘宗彬《吉安历代进士录》），几近十分之一，比例甚高。五月初八，曾与曾棨同随成祖北巡，并为皇太孙讲解经史的大学士胡广英年早逝，年仅 49 岁。吉安府吉水（今吉安市青原区天玉镇胡家边）人胡广（1370—1418）的离世，让曾棨未免有种兔死狐悲之感。这种抑郁惋惜之情，我们可以从其挽胡广诗一睹情状："海内儒魁仰俊髦，平生文采映东曹。长依枫陛天颜近，暗想花駞日影高。凤阁每惊铃索动，龙沙曾从属东劳。青蘄梦断天风冷，尘满盘雕旧赐袍。"或许一首不足以寄其情，曾棨痛定思痛再赋一曲："内相曾推陆贽贤，瀛洲□步领群仙。上书玉阙多焚草，退直金銮独赐莲。一代文章归彩笔，九重綍贲黄泉。朝来旅亲都门道，忍听西风薤露行。"（《挽胡学士》，《西墅集》卷九）二首挽诗高度赞扬了胡广的文才，同时也对他的英年离去表达深深的惋惜痛苦之情。

永乐十六年，曾棨还参与另一项文化工程——《天下郡县志》的编撰。这一年明成祖有感于疆域基本成型，为便于各级政府机构识察本国疆域地理形态，诏修《天下郡县志书》，命户部尚书夏吉、翰林学士杨荣、金幼孜总领其事，并"遣使编采天下郡邑图籍，特命儒臣大加修纂，必欲成书，贻谋子孙，以嘉惠天下后世。"（《太宗实录》卷一一〇）曾棨充当副总裁官。这部书可惜未能纂就。永乐十八年（1420）八月，朱棣定都北京，曾棨从此以后定居北京官舍。

永乐二十二年（1424）甲辰春二月，曾棨再次充当会试主考官。这次大考取贡士 150 名，其中浙江临海人叶恩原为会元，结果殿试之后状元为邢宽（今安徽无为县人），叶恩名列前三之外。本次考试吉安府又有 24 人考中（刘宗彬《吉安历代进士录》），可谓人才之盛。而七月十八日，一贯亲力亲为的朱棣在第五次北征蒙古回师途中卒于榆木川（今内蒙古乌珠穆沁东南），时年65岁。继任帝位的明仁宗需要一个文官集团为其所用，因而对于前朝大臣加以厚待。如提高杨士奇、杨荣、杨溥等人的官秩；又擢升大学士杨荣为工部尚书；许可解缙被流放的家属还乡，并迅速提升他的儿子为官，等等。曾棨也在晋封之列，升任左春坊大学士，仍兼任侍读学士，以示厚待。不仅如此，曾棨的妻子钟氏也受到嘉勉，晋封宜人。现在曾氏族谱还保存这份洪熙元年正月初五日颁布的《翰林院侍读学士曾棨并妻钟氏敕命》状。

洪熙元年（1425）五月初四日，仁宗下诏修《太宗皇帝实录》。时任左春坊大学士的曾棨与王直、陈循、李时勉等五人为纂修官。可惜天有不测风云。一个星期后，宅心仁厚的洪熙皇帝朱高炽竟于五月十一日驾崩，在位仅九个月左右。闰七月初八日，新登皇位的朱瞻基下令修《仁宗实录》，而时任左春坊大学士的曾棨一同参预修太宗、仁宗两朝实录。宣德二年（1427）二月丁未科春闱，这也是新皇帝宣宗即位后第一次开考进士会试。左春坊大学士兼翰林院侍读学士曾棨与行在太常寺卿翰林院士杨溥为考试官，全权负责本科进士试。结果一甲一名为山东临朐人马愉，打破长期以来魁首被南方人霸占的局面，正如杨士奇说："宣德以前十五科，皆南北士合试，未有北士居首选者，有之，自丁未始。"（转引《皇明三元考》卷三《宣德二年丁未科大魁》）

宣德五年（1430）正月，两朝实录修成，其中《太宗皇帝实录》计一百三十卷，《仁宗皇帝实录》计十卷。功成之际，众位编修官各获等次不同的赏赐，其中曾棨获赠金织袭衣白金文绮一件，并晋封詹事府少詹事，仍兼翰林院侍读学士，赐宝带一对，并入直文渊阁。

四

宣德五年（1430），时年59岁的曾棨因长期呕心沥血操劳过度，身体健康状况大不如前，尤其是呼吸道器官感觉不畅，咳嗽较为严重。据说，一次上朝，宣宗刚刚登上龙椅，曾棨就咳嗽得特别厉害，起初还想用手捂住，最后实在无法阻止，让人侧目，不得已赶快告假退出班列。宣宗闻讯后非常同情，下诏要求曾棨可以免于上朝，居家先把身体恢复再说。回家后，曾棨一边静静地养病，服食中药，一边因职业习惯处理书表奏章之类事务。宣宗也时时派人询问康复情况，如此体贴善待，让逐渐康复的曾棨越发变得勤奋，唯恐有负圣恩。然而一年以后，暂时康复实质虚弱的曾棨病患重新爆发，并更加严重，基本无力站起，咳嗽起来简直撕心裂肺，地动山摇，甚至咳出血丝，令人触目恸心。宣宗闻讯后，多次派遣自己的御医前往诊断治疗，无奈积弊深重，药效甚微，曾棨病情丝毫不见好转，反而愈益加剧，最后御医局医生也无可奈何复告宣宗交差。宣德七年（1432）正月二十一日，曾棨知道自己大限已近，生性乐观而坚毅的他即使被病魔折腾得奄奄一息，也不希望以一副颓败的样子向病患低头，向人生告别，于是他示意家人递过笔墨，颤巍巍地，拼尽人生最后的力气书写一则自赞文，作为告别亲朋、告别尘世的最后遗言。这个《赞》言写道："官詹不小，运周不夭。我固已多，人以为少。易箦盖棺，此外焉求。白云山青，乐哉归休。"遗言写完后，才放心地咽下最后一口气。其实关于前四句，主要是曾棨自嘲自永乐二年（1404）登第以来，服务三位皇帝近30年，然而终官詹事府少詹事（正四品），有人觉得堂堂状元官至四品升迁太慢，为曾棨叫屈。据说早在升迁为侍讲学士后，有人觉得曾棨仕途进步速度太慢，而朱棣却对身边人说："曾棨已与学士矣。"言下之意，曾棨获得了学士职位已经不算慢了。（明叶盛《水东日记》卷六）曾棨生性乐观自信，也不是追名逐利之徒，对于官职大小看来知足常乐罢了。

永丰一代状元曾棨就这样离开人世，享年61岁。宣宗朱瞻基闻讯后几欲辍朝。正月二十九日，特派遣礼部侍郎章敞至詹事府祭奠。祭文写道："功绩良多，方将重用而处以疾告。"根据曾棨的履历发展，不难推测假如曾棨不死，政治上晋升大有希望的，可惜天不假年，空留遗憾。祭文还提到追赠曾棨为嘉议大夫、礼部左侍郎。二月二十二日，朝廷正式颁布诰命，赠曾棨为礼部左侍郎，谥号襄敏，以示褒奖。其《赠礼部左侍郎曾棨诰命》写道：

家于文学之臣显之以名位，于其殁也，又有褒赠之典，所以重儒雅而劝天下之为仕者。詹事府詹事兼翰林院侍读学士曾棨，自永乐初科尔居魁选。我皇祖太宗皇帝擢置词林，赅博之学，敏赡之才，简圣心，屡加升擢而宏量雅度雍容有仪。暨我仁考选辅,朕躬儒苑之望,士林之华。今赠尔礼部左侍郎之诰命，以为始终之荣。服此荣恩，永光幽壤。初任翰林院修撰，承务郎，升授侍读，承直郎、承德郎，再任翰林院侍读，左春坊大学士，升詹事府少詹事兼前职。

（《武城曾氏重修族谱》）

曾棨过世后，生前好友杨荣、杨士奇等高官纷纷前往吊唁，朝廷也特命工部安排舟车将曾棨归葬江西吉安府。其中时任少傅、工部尚书兼讲身殿大学士杨荣根据曾棨生前遗愿，负责撰写《墓志铭》，而少傅、兵部尚书兼华盖殿大学士杨士奇负责撰写《神道碑》。二位杨公都声情并茂地对曾棨的非凡经历作了大致叙述总结，其中杨荣所作《墓志铭》有曰：

伟哉曾公,卓荦瑰奇。少处乡邑,才已不羁。永乐初科,首赐及第。玉质金声,为国令器。居官翰苑，克慎克勤。文行之懿，远近著闻。历仕三朝，竭心赞翊。宠眷殊深，屡进清职。弗究厥施，遽止于斯。恩命之隆，生荣死哀。惟兹乡邑，山盘水绕。铭诸其藏，千古有耀。（杨荣《文敏集》卷二十一）

作为同是吉安府的老乡大学士杨士奇则以诗歌的形式表达对这位老乡的缅怀与纪念：

鄫出有夏少康裔，曲列启封国为氏。去邑为曾适鲁仕，郕国圣学述传义，亲承素王道统系。后十余叶新莽际，爰以阖宗徙南避。宅盱与吉心洙泗，章逢蝉联如栉比。欧阳之乡吉之委，宋元连绵起禄位。天启文运赫昭晰，公奋而兴属隆世。天经煌煌表人瑞，彯缨垂组侍廷陛。操觚含豪应帝制，岷江茫洋万里势。春空澄明云锦丽，重瞳回瞩天荣霁。记功述德封金匮，操持权衡品文艺。宏章大什耀海内,朝阳和鸣凤翙翙。儒林翘翘拔其萃,矜恻焚溺怀惠济。惟仁攸存未弘施，没奚憾兮此赍志。（杨士奇《东里文集》卷十四）

全诗先对曾氏的源流和迁徙作了简短回顾，重点回溯了曾棨中举以来的发展历程，对于他的文德与勋节进行歌颂，对于他的离世表达了遗憾和伤怀。

五

一代才子曾棨政治上兢兢业业，忠心耿耿，前后辅佐大明三代帝王，官位不断攀升，但不容否认他以文章起家，也以文章为擅长，终其一生主要充当秘阁文学侍臣的角色，所以写文章是曾棨一生的主要业务，也是他一生的价值所在。尽管从文学创作的视角观察，这些文章绝大部分属于应制文章，真情实感较弱，审美价值较小，但作为知人论世的需要还是有一定的参考作用。另外，曾棨的书法艺术也可独自成家，俱有可观。

现存曾棨的文学作品数量不多，但据明人评价，其文学成还是较高的。杨士奇曾经评道："如源泉浑厚，沛然奔放，一泻千里；又如园林得春，群芳奋发，组秀灿烂，而部分整饬。赋咏之体，必律唐人。兴之所至，笔不停挥，状写之功，极其天趣，他人不足，己常有余。四方求者，无间贵贱，日集庭下，靡不应酬。一时文人所作碑、碣、记、序、表、赞、传、铭、诗、赋，流布远尔。"（《西墅曾公神道碑》）现《四库存目丛书》集部 30 册存《刻曾西墅先生集》十卷，这是明万历十九年（1591），由永丰县知事、浙江德清人的吴期炤刻本，也是目前曾棨文集流传的相对容易见到的版本，也是作品数量最为集中的版本。另有零星篇章散见地方志、曾氏族谱。如同治十三年《永丰县志》卷三十三收《重修大成殿记》；卷三十四收《送检事刘公长吾之任广西序》和《送雨淛（浙）都转监运司同知张君焕章诗序》；卷三十七至三十八《艺文志》收曾棨《兵部郎中习韶公墓志铭》1 篇、《随驾北征应制诗》1 首、《花萼集与弟宪副鼎诗》14 首。《永丰县睦陂曾氏族谱》收《梅花诗》百首以及相传廷试诗《捷联》。除外，另有《巢睫集》五卷单行本，从其目录看，是曾棨诗歌的一个选本，约略 200 余首。吴期炤《刻曾西墅先生集》十卷本，实由吴期炤选辑，南昌谭文隆、靖安徐肯播及信丰黄耀共同校订而成的集子。该本前有吴期炤序文一则、祭文一篇，杨士奇《神道碑》和杨荣《墓志铭》2 篇，卷一收廷试策 1 篇，卷二收应制梅诗 100 首，卷三收瑞应图 8 篇（《黄河清赋，有序》《神龟诗》《白象赋，有序》《嘉禾赋》《白鹿赋》《驱虞歌》《麒麟歌》等），卷四为扈从律诗 83 首，卷五收七言古诗 35 首，卷六收五言古诗 39 首，卷七收五言律诗 105 首，卷八收景物遗迹律诗 130 首，卷九收赠别律诗 135 首，卷十为记、序、志、铭共 21 篇。《皇明西江诗选》收曾棨诗 64 首，在 89 人中仅次于杨士奇（91 首）、李桢（76 首）、王英（70 首）、刘崧（68 首），名列第五。

曾棨还是一个书法家。同时期的王直《曾子启挽诗序》说曾棨“精于草书，笔势纵逸，若秋隼奋扬，天骥决骤，不可追蹑。四方之人，爱之若拱璧”，由此可见曾棨的书法还是有一定的影响。

曾棨故里武城书院

【天资高洁异凡群】

聂学锋

百首梅花诗。赋者，才思敏捷，字字珠玑；读者，手不释卷，捆载而归。于是，我对“岁寒零落见孤芳，花占先魁独擅场”的梅花诗作者曾棨状元心慕笔追。于是，我想到了去曾棨状元的诞生地瞻拜的念头。

状元的故里在江西永丰的龙潭村，离县城只有十多里路。驱车前往，绿意拂在身上，波光映亮前程，崭新整齐的村庄为我接风洗尘。

龙潭村前有一口大水塘，像一面宝镜，映出了蓝天白云的秀姿。这里虽没有崇山峻岭,然而那绵延的丘陵,倒也山明水秀。让我觉得心旷神怡,清奇俊秀。虽没有空旷的原野，那田园也不失一抹独特的风光。一只只白鹭或田间嬉戏，或天上翱翔。此时，正是收获花生的季节，村民挖的、摘的，站的、坐的，花生的叶子那样的绿，落花生那样的晶莹。我听见了传来的回声，那是来自田野和心间，他们以欢悦的锄头，收获着空旷的梵音，纪念着曾棨状元。

翻开《武城曾氏晞颜公房系志》，房系志展示了曾棨的先祖徙迁历史。由于“奈朝臣怀贰，莽贼兴变。”于是在公元十年十一月，参公的十五世孙关内侯曾据公，亲贤远奸，坚志忠义，愤然弃官，从鲁国南面的武城（今山东嘉祥），携族两千余人南迁。先居豫章西山，后迁庐陵吉阳睦陂（今永丰坑田秋田），经历了后裔的分衍。尔后，三十九世辉公收复祖业，又复居睦陂。先祖在吉阳睦陂老屋门头悬起了“三省传家”的横额，表示要将“三省家范”传给子孙。据谱记载，睦陂老屋那里有：东岭樵歌、南陵伏虎、西溪鱼唱、北苑行狮、前嵌笔架、后墅文峰、翠岗烟霞、平岗秋月等八景。云行水流落翰墨，叠嶂重峦入丹青。八景聚福地，宝地风生水起，从而成为衍生曾氏人文蔚起、贤能辈出，中国百家姓中之旺族的源头。

我继续在时光里探寻，曾棨状元的先祖参公的四十四世孙载阳公由睦陂徙新陂，后五十一世孙晞颜公由新陂徙十七都龙潭。晞颜公是宋壬戌年（1262）进士，官任兵部侍郎，湖南道儒学提举。晞颜公有子四：长子雷顺官至万载县尹，次子仁辅官至惠州推官，三子德裕官拜翰林院直学士，幼子巽申官为国史院编修。四子皆为朝廷栋材。龙潭，在时光荏苒的日子里，枝叶华果，悉皆繁茂。曾棨状元有子三，分别为：秬、积、种。现只发现在泰和县万合镇婆官上村有其后裔。但是该村曾棨后裔尚未与龙潭老家联系上。

此时的龙潭，已经穿越了时空，拨开了云天，傲立在天地间。也正是这块宝地，才孕育和催生了一代又一代的俊杰。

这些俊杰，或炳耀于世界，或神耀于五洲。其中曾棨的先祖巽申公就是一颗璀璨的明星。日历翻到2008年，在北京奥运会开幕式上，曾经展示过五幅中国画长卷。其中有一幅是700年前元朝时的《大驾卤簿图》。此图就是曾棨的先祖巽申公的传世之作，稀世国宝。《大驾卤簿图》，运笔凝重细劲，笔调高朗严谨，展现了中华民族悠久文化的博大精深。尽管在开幕式上只是一个短短的片段，但它却再现了曾棨先祖巽申公的杰出才华。大驾卤簿，惊耀世界。曾棨作为后裔，他的血管里，会没有滚烫着巽申公的彤红血液？

风在徜徉，在龙潭村的左侧，一个古老而年轻的书院呈现在我的面前，让我享受到了贮满金黄的阳光。一条条光线，执著，坚韧，不停地在我的信步中折回。古老，这个书院是元朝仁宗丁巳年（1317）建成；年轻，这个书院是2013年重建。古老的书院原为二栋进庭楼，是曾棨的先祖巽申公为翰林院国史编修时，上书朝廷恩准在村左前侧，由兄弟、子侄等出资兴建的书院。元朝中书省曾颁布了“准设武城书院咨文”。后移咨江西省照会施行。正是这个书院，为曾棨配制了一个极佳的深造土壤。曾棨受到良好熏陶，慨然有了立伟功于时之志，为后来高中状元打下了坚实的基础。书院里的朗朗读书声中，留下了曾棨的汗水，也留传了不少的趣闻。曾棨从小思维敏捷，七岁时就在书院与老师应对。当老师出句：“地脉默然生麦叶”，曾棨稍加思索对：“天河何不种荷花”。对仗十分工整，难以想象是七岁儿童之作。看着这重建的书院，如此“骨色相和，神彩互发”，我依稀看到了书院曾经的辉煌气势。据曾氏谱载，仅龙潭房在元、明、清时期，获秀才以上学位的有七十余人，其中进士四人，皇封七品以上官职的二十余人。状元曾棨便是其中一人。

曾棨天性聪颖，过目成诵，三岁识象棋，七岁时，一边放牛，一边读书。读书在他的心底那该是怎样一个辽阔、深邃、风景万千的世界。十五岁曾棨设馆授徒，十七岁应聘新淦胡家私塾。二十岁考入县学，名列第一，例为痒生。参加州试，中秀才。可是由于家庭贫寒，只好又应聘到吉水桑田村周家私塾教书。他的学生是两兄弟，大的叫周述，小的叫周孟简。曾棨与两学生一同赴省城参加乡试，两位学生都中举，唯老师名落孙山。曾棨感到无颜再教，便请辞回家，被周家极力挽留。永乐元年，棨中举人。次年（1404）师生三人一同赴京赶考。学生周孟简中一甲第三名探花，学生周述中一甲第二名榜眼，先生曾棨中一甲第一名状元。这是惊世骇俗的奇迹，同郡师生，同年京试，三人囊括状元、榜眼、探花，为世所罕见，成了广为流传的“师生兄弟同科三鼎甲”的传奇。这真是，三柱华盖，直接苍穹，撑天拄地。

在龙潭村前面，有一条迤逦盘桓的小溪，潺潺而流，绕村自北向南流入恩江河，它就是龙潭江。其实这条江以前不叫龙潭江，为什么会改江名？原来曾棨中状元后，与邻村沙园一起在朝做官的刘素进士等人一同返乡。他们参拜曾一起读过书的武城书院后，感慨万千，便到村里各处闲逛。此时正是清晨，雾气笼罩着大地，远处有一层稀薄的像纱一样的乳白色的气流，在轻轻荡漾着。它像一条龙在腾云驾雾，翻滚在一个深潭里。他们大吃一惊，赶快往村前走去，只见村里弯弯曲曲的溪水上雾气弥漫，宛如一条腾飞在云雾波涛之中的苍龙。曾棨说，这是好的征兆，这条溪就叫龙潭江，我们村就叫龙潭村吧。从此，原来的白茅坑便改为了龙潭。

龙潭，自此波委云集，卧虎藏龙，曾棨就是这么一条龙。他以礼部会试第八名参加殿试。殿试是成祖朱棣皇帝命主考官以礼乐制度方面的经文为题，题目难倒不少人。而曾棨却成竹在胸，他略加思考后，便文思泉涌，两万多字的对策，一气呵成。他的对策格外详明，言语尤为洗炼。朱棣阅后十分赞赏。御笔亲题："贯通经史，识达天人。有讲习之学，有忠爱之诚。擢魁天下，昭我文明。尚资启沃，惟良显哉。"正拟钦点状元时，主考官又送上一份名叫刘峰诰的试卷。成祖阅后，与曾棨不相上下，当即下旨："朕出上联，二卿对下联，三步之内对上者，朕点为状元。"成祖见一宫女手提一盏灯姗姗而来，曰："红袖手提鹦鹉盏来迎状元，"一步、二步，曾棨脱口而出："白衣身到凤凰池进朝天子。"成祖一声"妙哉"，把刘峰诰刚想好的联句吓得无影无踪。曾棨被钦定为状元，授翰林院庶吉士，文才魁天下。

龙潭，潭涌文思，龙奔虎跃。曾棨深得成祖喜爱。成祖入承大统后，下旨从翰林院庶吉中选二十八位才学俊敏者就读文渊阁，曾棨是选中的头一名。成祖曾亲试《天马海青歌》，他成文最先，深得赏识。成祖屡摘书中的僻词隐语召他进宫，当面问出处、词意，他对答如流，少有遗漏和讹错。凡有向成祖推荐文士者，成祖都会问："才学如棨否？"还叫他与被荐者论辩，以这样的方法考察被荐者的才学，曾棨在朝廷几乎成为才华的象征。

曾棨扈从成祖两次出巡。第二次出巡时，一路上腊梅盛开，朱棣心花怒放，诗兴大发，说："曾爱卿文章写得好，诗作的怎样？不妨以梅花为题作几首七律诗。"皇帝要他作诗他不敢怠慢。按照成祖的要求，他一气呵成一百首梅花七律诗，除第四十首有一个"梅"字外，其余九十九首不见一个"梅"字，可谓咏梅一大绝唱，留下了千古佳话。

龙潭村的后面有绿得发亮的九峰山，它绵延数公里后与青得逼眼的后龙山相接。只见那些连绵不断的山峦，前拥后簇，高矮参差，郁郁葱葱，浓荫遍地。曾棨状元就安息在这片山峦中。这里叫富坑享堂山，视野广阔。虽然有些荒芜，但是难掩才子的不屈服的奔放。

曾棨的墓曾几经风云。第一次是在明朝嘉靖年间，其遗体被仇人骗迁葬到新干县，这些人还引诱曾棨的子孙藏起骨骸，想灭迹。此案虽上诉，但是被经办官员久拖得不到判决。曾棨家人找到已经辞官在永丰的兵部尚书聂豹。

聂豹毫不犹豫，到处奔波，终没有效果。在万不得已的情况下，只有托首辅徐阶帮忙，经不懈努力终于讼决。讼决后聂豹还帮助曾棨子孙将骨骸复葬永丰旧坟。第二次是20世纪七十年代“文化大革命”期间遭盗被毁，2010年重修。曾棨墓前面的远处有两座小山，左山如锣，右山像鼓，坐西北向东南，墓碑高耸。上辈曾流传：“石鼓对石锣，皇帝万万个”的歌谣。风光依旧，山在人去，试问石鼓和石锣两山，你们可曾否为酒状元鸣锣开道。

曾棨相貌堂堂，身材魁伟，善饮酒，且酒量惊人。一日，来了两位进贡外国使臣，席间炫耀酒量，竟狂言：“堂堂大明，无人匹敌。”曾棨一听，面奏皇帝：“微臣愿斗酒对饮。”一人对饮两使，使臣醉如烂泥，然而曾棨清醒，怡然自乐，如同没喝过酒一样。使臣俯首认输说：“大明王朝，人才济济，酒仙曾棨也。”成祖闻之大喜道：“且不以才学，只这酒量，亦堪作我朝状元。”酒与文化，自古结下了不解奇缘。酒兴诱发文才，奇才更催豪饮。

把酒问天当歌狂，如今酒溢飘香来。我知道曾棨状元爱酒，便把带来的酒洒在墓前，以祭祀这位才子酒状元。在祭祀的时候，我几乎和他浑然一体，深入到他的笑容时，油然生敬。那豪爽、豪情、豪饮、豪杰紧紧地融合在一起，多少次抵达我的心灵，是那样的深，那样的浓。酒不断地散发着对酒状元的赞美，葱郁的山峦荡漾起了一阵阵的笑声。

此刻，我向曾棨状元深深稽首。

萧时中

【最是上林花落处】

欧阳和德

公元1408年，明永乐六年，各地举行乡试。次年春（1409年，己丑年）全国会试，95名学子被录取。

按照大明朝每三年一次的科举考试惯例，紧接着的当年秋天，就得举行廷试了。所有录取者都急切地、忐忑地等待着。谁都知道，一旦通过廷试，就可成为“进士及第出身”，以后再封官晋爵，进入国家管理层面，为国家作贡献。

这95名等待者中，就有来自江西庐陵县宣化乡曲山村的学子萧时中。

然而，等待的结果，却传来监国、皇太子朱高炽的告示：皇帝有令，所有被录取的这批“准进士”，先到最高学府国子监里，再进修培训一段时间！何时廷试，另行通知。

这本应按期举行的廷试，为什么又推迟了，而且遥遥无期？

这还得从皇帝的行踪说起。原来，那一年，明朝10万军队征讨鞑靼（原元朝蒙古部族），却因轻敌而全军覆没。是可忍孰不可忍？！当时大明国最高领导——明成祖朱棣决定率军亲征，与蒙古顽敌作殊死搏斗，大有“不斩楼兰誓不还”的气势，一时半会回不来。而廷试，必须是皇帝亲自主持的，不可替代。

萧时中与这批“准进士”一道，就这么耐心等待着。

萧时中，字可复，又字可后，号东白，生于 1383 年，庐陵县宣化乡曲山村（今吉安县永阳镇下边村）人，曲山萧氏子孙。

曲山萧氏，是庐陵一大姓氏。曲山，也是目前全国许多萧氏的发祥地。

曲山是禾水、牛吼江交汇处的一个冲积平原，东北向为一蜿蜒山峦名曲山。据记载，萧氏始祖萧文昌是从九江避乱至今天的曲山，见曲山风水甚佳而定居于此。萧文昌到曲山后，历经百年耕耘，于宋代时期开枝散叶，逐渐落成一个较大村庄，并拥有十八个分支。萧时中为曲山萧氏第十三世孙。

等待，漫长的等待。

95 名“准进士”就这么边进修，边等待，一直等到公元 1410 年底，朱棣第一次北伐凯旋。此役，明朝灭蒙古主力铁骑五万人，一雪明朝前年十万军队全军覆没之耻。

1411 年，明永乐九年，农历辛卯年。三月一日，好日子，春风拂面，得胜回朝的明成祖朱棣稍事休整后，举行廷试，亲自主持。这是一场推迟了两年多的考试。朱棣出题：

朕承广大之基，抚洪熙之运，临御以来，夙夜惕厉，博求至道……然士鲜大道之归，国靡实材之用，其故何欤？子诸生明先圣之道，博古以知今，具体以适用。于三代汉、唐、宋，礼、乐、刑、政之序讲闻久矣，疏其得失，别其治否，有可裨益治道者，其详陈之，毋泛、毋隐，朕将亲览焉。

大意是：我自当上皇帝，虽然夙兴夜寐，诚惶诚恐，治国成效显著，但是知识分子还是不愿归附，国家还是没有足够的可用之才，是什么原因呢？诸位学子们，你们既然懂得先圣之道，又博古通今，礼、乐、刑、政方面的道理天天学习，现在给我提提建议，以利于我今后加以改进和完善，讲得越详细越好，越尖锐越好，不要泛泛而谈，不要尽说好话。我将亲自批阅。

这一年虽然是辛卯年，但这一榜还是属于“己丑科”。廷试结果：江西庐陵县萧时中为第一甲第一名！对此，《明史》是这样分别记载的：

《太宗文皇帝实录》卷一百十四：永乐九年三月初一，上御奉天殿，试礼部永乐七年会试中式举人陈燧等八十四人。

《本纪》记载：三月甲子，赐萧时中等进士及第、出身有差。

《选举二》记载：七年己丑会试，中陈燧等九十五人。成祖方北征，皇太子令送国子监进学，俟车驾还京廷试。九年辛卯，始擢萧时中第一。

从此，萧时中进入中国历史上900余名的状元群，也成为吉安17名状元群的一位群员，还是庐陵县的第三名状元（前两名分别是南唐时的王克贞、南宋时的文天祥）！

萧时中之能中状元，首先得于他高人一筹的才学。

萧时中从小聪明好学。祖父萧复心、父亲萧乐存，都读过不少书，虽说没取得什么功名，但在当地办私塾多年，积累了丰富的教学经验。可贵的是，他们都是富且仁焉，乐善好施，在当地很有善名。萧时中青少年时期就受过系统的传统教育，读书一目十行，过目不忘。十岁就能嘱文。乡试中全省解元（一说是第二名），成绩十分了得。会试时萧时中位居第六名。

萧时中之中状元，还得益于他鲜明的地域性格——耿直敢言。机遇总是留给有准备的人。朱棣执政以来，为了美化自己的名声，也为了长治久安，一改当初取得皇位时的暴戾，迫切需要招纳一批敢于直言的知识分子。他上任后，已经举行了两次科举考试，录取了两名状元，分别是：曾棨（江西永丰人）、林环（福建莆田人）。但朱棣认为这两批考生包括两名状元都没有胆量批评时政，阿谀成分多，华而不实，于兴国无补，而朱棣又迫切需要敢于针砭时务者，于是暗中吩咐主试考官："要是有胡铨、文天祥这样敢于直言的考生出现，一定要择优录取。"萧时中正遇上这样的机会。子曰："诵诗三百，授之以政，不达；使于四方，不能专对。虽多，亦奚以为？"的确，学以致用，知行合一，才是读书人的王道。萧时中的敢于直言、针砭时务的胆识，一是来自他个人的性格，二是来自庐陵故乡先贤一脉相传的耿直基因，一种鲜明的地域性格特征。庐陵，自古就有“文章节义”的美誉。文章，得自以欧阳修为代表的文化士人集团；而节义，则是颜真卿、欧阳修、欧阳珣、胡铨、周必大、文天祥等人以国为重、以君为轻的刚直性格的一脉相传。胡铨，庐陵芗城（今青原值夏）人。廷试时上万言策，慷慨激昂。高宗本想拔他为第一，却又忌惮他太耿直，只好移置第五，与状元擦肩而过。而胡铨一点也不接受“教训”。当秦桧欲与金割地输款议和时，胡铨怒不可遏，上书乞斩秦桧等人：“愿断三人头，竿之藁街……不然，臣有赴东海而死尔，宁能处小朝廷求活邪？！”声震朝野。文天祥，庐陵富田（今属青原）人，以《法天地之不息》策对，针对当时“政窳、民困、兵穷”积疴现状，提出了切中肯綮的激昂建议。洋洋万字，一气呵成。宋理宗亲擢为第一甲第一名。

面对皇帝的御试题目，而萧时中是怎么对策的呢？所幸《曲山萧氏族谱》完整地保存了他的殿试试卷《礼乐策》。这份煌煌五千言的答卷，中心思想是论述礼乐刑政的关系，“礼乐本也，刑政末也”“以礼乐而化天下，则治道由之而著，风俗由之而美，刑由之而措，政由之而修”，立论明确、论证精辟、论据充分。而答卷结尾，萧时中更直言：“陛下诚能取法天道，至诚无息，始终存此敬和之心而无或间，则礼乐始终……臣不胜拳拳之至。谨对。”

不惧打击报复，为国是而慷慨陈词，这就是庐陵萧时中！

正是萧时中具备的庐陵地区特有的耿直性格，又恰逢这位朱棣皇帝偶尔生出需要耿直之士，萧时中才得以夺得廷试之首。

萧时中之中状元，既是庐陵“文章节义”孕育的结果，又为庐陵“文章节义”作了传承和演绎，续写了庐陵文化的辉煌。

萧时中中状元，时年28岁。正是年轻有为、前途无量之时。他本性为人温和，言行谨慎，谦虚礼让。

中状元后，萧时中开始了他的官宦生涯、政治事业。因为饱读诗书，才华过人，1414年，萧时中奉命参与修撰《五经四书大全》《性理大全》等书。这是朱棣亲自部署的除《永乐大典》之外的又一个浩大文化工程。主修者为萧时中的庐陵老乡、吉水人、上三届状元胡广。永乐十三年（1415）九月，两部鸿篇巨著得以完成，明成祖亲撰序言，冠于卷首，颁行于两京、六部、国子监及国门府县学。此书为宋代理学著作与理学家言论的汇编，所采宋儒之说共一百二十家。年轻有为的萧时中在其中贡献了自己的聪明才智。

萧时中在官宦生涯中，依然保持了他御试策时刚正不阿、敢于谏言的品行。史书上记载他“居官常忧心国事，并勇于进言”。曾经有段时间，全国各地接连发生灾害和灵异事件，有人就主张举行祈祷仪式，以消除灾害。萧时中敏锐地感觉到，这其实是执政出了问题。他“陈奏八事，极尽时弊”。但已身处官场的萧时中，此时也见识了朱棣皇帝的狐疑而残暴的本性，在极尽时弊的同时，懂得保全性命，他讲究了“措辞委婉”策略，正所谓“良药顺口也利身”。后人无从得知萧时中陈奏的是哪八件事，针砭的是哪些时弊，但结果是：他的策略性的奏言得到了明成祖的嘉纳。

而让萧时中真正在历史上留下声名的政绩表现，无不与他中状元那年所发生的事，息息相关。

1411 年，萧时中中状元那年，明朝还发生了几件大事。一是郑和下西洋回来了，带回了西洋诸国的特产、对大明国的朝圣，以及建文帝不在西洋的消息。二是他的庐陵老乡、吉水人解缙被下诏狱。

随着朱棣执政地位的日益巩固，郑和下西洋后的四方来朝，朱棣自以为到了承平盛世，又开始暴露了其好大喜功的本性。一些地方官员为投其所好，纷纷捏造报告祥瑞事件，而且互相攀比向朱棣献宝。当时尚人微言轻的萧时中看不下去了，上书阻止各地献宝。沉浸在歌舞升平中的朱棣哪听得萧时中的建议？便当着文武百官的面，厉声呵斥萧时中胡言乱语。萧时中不顾君臣之礼，抗辩起来。盛怒之下，朱棣欲杀萧时中。危情之时，幸亏胡广、杨士奇等庐陵老乡们出面求情，萧时中才幸免一死。而献宝一事，也由于萧时中的极力阻止而暂时消停。为了百姓生计，他将个人安危置之度外，成为反对献宝的第一人。

埋藏在萧时中骨子里的性格中，还有嫉恶如仇。最典型的案例，就发源于他中状元那年，解缙被入诏狱。

《曲山萧氏族谱》记载了萧时中的一段故事：解缙，庐陵吉水人，非常有才，主持了旷世文化工程《永乐大典》的编撰。因为辅助朱棣替代建文帝有功，长时间内被朱棣视为心腹，还曾经与朱棣同睡一屋，彻夜长谈。但庐陵人耿直的性格，又促使他做了一件“傻事”——干预朱棣立太子的皇家私事，被朱棣贬到越南北部去当了一个布政使参议的闲官。某一天朱棣不知动了什么心思，下令要求解缙回京述职。可当解缙回到京城时，朱棣却率军北征蒙古了，而且一去就是几年。解缙等得不耐烦了，就去向当时的监国、太子朱高炽汇报工作了。这可犯了君臣大忌！1411年，朱棣回京，山东无赖纪纲、一个曾被解缙写诗“山间竹笋，墙头芦苇”讥讽的锦衣卫头头遂借机报复，举报了这事。朱棣一怒之下，把解缙投入大狱。

纪纲是朱棣的心腹，平日里无恶不作，无人敢惹。而平时本性为人温和、不卑不亢的萧时中，却敢于连续三次向朱棣递交意见书，建议释放解缙，同时宰了这个不仅自己恶贯满盈、也给最高领导脸上抹黑的恶棍。好在朱棣还比较喜欢萧时中。结果虽然没把解缙放出来，也没能把恶棍纪纲杀了，但纪纲也没敢拿萧时中怎么样。

才子解缙最终还是在纪纲的百般折磨之下，蹊跷地酒后死于雪堆里，死得很惨。作为庐陵老乡，萧时中一有机会就为解缙鸣不平，建议为他平反恢复名誉。朱棣在位时，虽然没有采纳他的意见，但也没有生萧时中的气。看来又是谏言的策略保护了萧时中。朱棣的儿子朱高炽接班后，萧时中又提出了为解缙平反的建议。朱高炽对此倒是很重视，批示政府主要领导、庐陵老乡杨士奇重新审核此案。解缙最终得以平反，萧时中的执著谏言可谓功莫大焉。

萧时中由于一心忙于工作，长年奔走于南京与北京之间，积劳成疾，竟也于1425年染病去世，享年仅42岁。大学士、内阁首辅、庐陵泰和人、下一届状元陈循撰写了萧时中的行状（生平事迹），而庐陵永丰人、上上届状元曾棨则为萧时中题写了墓志铭。

命运多舛，英年早逝，致使萧时中未能舒展自己的才华和抱负，也就没能留下更多后人可以大书特书的政绩，甚至于还没来得及留下一本属于自己的专著，虽然民间留有他诸如书写“但愿庐陵永丰，何须龙泉吉水”水车对联的许多传说，但还是让人叹惜。

可告慰的是，萧时中忠于国家、敢于直言的庐陵人性格得以传续——萧时中去世的当年，大臣们又纷纷上书歌颂太平。庐陵人、大学士杨士奇进言：陛下您虽泽被天下，然“流徒尚未归，创夷尚未复，民众尚艰食”。如若说真正的太平盛世，恐怕还得励精图治、与民休息若干年。皇帝听了他的话，不但没有责备，反而感到很欣慰，便对这些歌颂太平的官员说：我待你们以至诚，实在是想让你们来辅佐我。这几个月以来，只有杨士奇五次建言献策，而你们却皆无一言，难道真是朝廷无缺点、天下已经太平了吗？说得那些大臣们非常惭愧。

还可告慰的是，萧时中的后人多有建树，人才辈出。多年后，萧时中的侄孙萧礼节，将自己的祖父萧愚斋、叔祖父萧时中、父亲萧维祯三人的著作收集编辑成《曲山三萧集》。兹从此集中录其诗四首，以见时中之文采：

瑶岛春云

祥云天上拥瑶琴，缥缈氤氲接上林。
光绚九重频捧日，阴连万井欲为霖。
三春暖湿花枝重，九陌晴涵树色深。
何必蓬瀛沧海去，从龙长想此登临。

秋夜月

皓魄东山吐，烟霾四野无。
故人千里共，银汉一轮孤。
寒影惊乌鹊，清光湛玉壶。
长安今夜永，砧杵满城隅。

夏日避暑匡庐

傲骨生来具，神交自不孤。
山腰骑怪石，霞顶瞰重湖。
有鹤招能下，群麋狎可呼。
岩头人自五，著我六狂徒。

咏流泉

石泉飞下碧嵯峨，溅玉跳珠湿薜萝。
影落半空悬素练，光垂一带泻银河。
朝宗远接沧溟水，分注时添太液波。
最是上林花落处，随流偏向御沟多。

萧时中故里状元祠

【时光斑驳中的曲山】

欧阳和德

盛夏时节，骄阳似火。距离吉安县城西南 30 公里外的永阳镇曲山南麓，村民萧仁春，曲山萧氏的第 31 世孙，正在翻晒早谷。一杆长长的横排，带着六七个梳齿，随着谷耙来回地拖动，稻谷也渐渐呈现出喜人成色。

今年是戊戌年，无疑又是一个丰收年。由于水量丰沛，稻种又是金优软黏，亩产可达 800 斤以上。萧仁春家种植了两亩半，足够他一家六口的口粮供应了。多余的粮食，按照收购指导价，还可以每担卖出 120 余元，差不多能支付小孩的学杂费。

放眼望去，曲山南麓，稻浪翻滚，一片金黄。沃野阡陌间，是纵横的水渠。这是近年来园田化的成果。

钟灵毓秀

永阳镇街之北，是十几座连接起来的长长的山岭，起伏蜿蜒，当地人称为“曲山”。中间靠后，有“廖岭”，峰峦叠嶂，仿佛众岭之“后盾”。而左右两端之岭，一似狮，一似象，俗称“左狮右象”，形象逼真。

沿着小径，躬身而上曲山，见人工种植的是成片成林的油茶树、湿地松和杨梅树。而天然生长的，是郁郁葱葱的灌木丛。山岭间，偶见清泉，汩汩而淌，而后潺潺而流，给盛夏时节带来丝丝凉意。传说山之东边，有一“铜壶漏滴”，能发出叮咚之响，尤其在夜间，清脆悦耳。可惜不得见闻。

站在曲山山顶，向南俯瞰，只见平畴阡陌，沃野千顷。中间有两个碧绿的大湖，一东一西，宛如两颗明珠。田野之边，是鳞次栉比的明清民居，那就是下边村。

村的南边，是永阳镇街。而永阳镇再南，流淌着一条河流——禾水。这条发源自井冈山的水系，经永新县蜿蜒而下，再经天河、敖城、指阳等地，来到了永阳，与发源自永新县的牛吼江汇合，冲积出一大块平畴，然后欢快地投入赣江。

西北背枕山岭，中间是平原，镶嵌着两颗明珠，东南两江交汇，在堪舆家看来，这样的山水地理钟灵毓秀，迟早会孕育出人物的。

的确，这是个宜居、宜业之地。逐水而居、筑庐而田，是庐陵先民的自然生活选择。早在秦汉时期，庐陵县的县治就可能设置于此。《泰和县志》："庐陵县，县治在今县之西北三十里。"而著名历史地理学家谭其骧，则明确地标明庐陵古县（高昌）县治在禾水与牛吼江的交汇处。

永阳古称"草市",这是一个具有一千多年悠久历史的古镇,原来叫"草市"，也是庐陵四大古镇之一。草市之上，是泰和县的"禾市"。南唐年间，都御史周矩在牛吼江的禾市段，围堰建陂名"槎滩陂"，浇灌下游上万顷，惠泽千年。

禾水流经邓家村。这里出了一个读书人邓光荐，与文天祥、刘辰翁同窗于白鹭洲书院的首任山长欧阳守道，与文天祥是挚友，两人多有唱和，一直到文天祥就义。文天祥的墓志铭，就是他受托撰写的。

而永阳街上有一座忠简公祠,更是纪念庐陵"五忠一节"之一的胡铨。胡铨，南宋爱国英雄，被誉为"庐陵脖子最硬的人"。他的后裔之一支，就住在永阳镇的院背村。

千百年来，雄壮的曲山、秀美的禾水，就这么滋养着这块土地上的子民，也吸引着南来北往的迁客。

萧德兴，1965 年的高中毕业生，一位在永阳街上开店几十年的业主，他是曲山萧氏第 32 代孙。经他题跋的《曲山萧氏族谱》记载，曲山萧氏的始祖，其来有自：

唐僖宗最后一任宰相萧遘之子萧徽在长沙任湖南节度使，其孙萧贞在九江任刺史。公元 896 年（唐乾宁三年），木匠出身的军阀马殷扩大地盘，自安徽而下赣、湘，所向披靡。时任九江刺史的萧贞携妻及三子溯赣江而上逃难，因叛军势如破竹，情况危急。当逃到吉安时不敢继续溯赣江而上，便进入禾河西逃，到达禾河与泸水交汇处，不知往哪条河逃难为好。萧贞念及若一旦被叛军追上，全家必死无疑，必须分头逃，以保安全。于是一家人弃船上岸，焚香卜卦，卦象说“遇山则止”。萧贞便要大儿子萧文昌往西逃，落脚于吉安县永阳镇的曲山。二儿子萧文忠往南逃，落脚于泰和县苑前镇的王山。萧贞夫妇随小儿子萧文元往东逃，落脚于吉水县水南镇的燕山。萧文昌遂成为曲山萧氏的始祖。

萧氏文昌公自从在永阳曲山南麓开基以来，开枝散叶，在附近地域内形成了“曲山十八房”，现在永阳还有 15 个村落、15 个支房，人口愈万。而下边村则为萧文昌开基的原地。

事实上，“曲山”这个村名现在已在地图上已不存在，它只是萧氏在庐陵永阳的一个地望。

红袖添香

从永阳镇溯禾水而上二十来里，约莫挨近光暗时分，可以到达敖城。敖城乡的版塘村有户人家叫刘楚玉，是个大户，先祖从安福迁来，世代都是书香门第。刘楚玉有个女儿，名刘冬，字严贞，自小聪明乖巧，爱好诗书。18 岁那年，刘冬爱慕上了曲山萧家一个读书郎。父亲楚玉便托人作媒，把刘冬姑娘隆重地嫁了过去。

这个读书郎名叫萧时中。与刘冬姑娘一样年纪，萧时中也生于 1383 年，是曲山萧氏第 13 世孙。祖父萧复心、父亲萧乐存，都读过不少书，虽说没取得什么功名，但在当地办私塾多年，很有些名望。可贵的是，他们都是富且仁焉，乐善好施，在当地很有善名。

萧时中正是在这样的家庭文化熏陶下，聪敏好学。青少年时期就受过系统的传统教育，读书一目十行，过目不忘。十岁时就能作诗属文，家族人对他寄予厚望——毕竟，自开基 500 余年来，曲山萧氏还没出过一个通过读书而致达官显贵之人。

刘冬姑娘虽然是大家闺秀，但也没对夫君奢望那么多。她只是一心服侍公婆。她也许读过一首诗："一入侯门深似海，从此萧郎是路人。"才不稀罕夫君以后出去做官呢。能够在傍晚夫君读书归来时与夫君亲昵一会儿，甚至一直就这么夫妻恩爱着，就是最美。

明代重臣、泰和人杨士奇曾多次到萧时中在南京的家里串门，叙叙乡情。他后来回忆道：刘冬是个为人"和柔恭慎"的小女子。自从过到萧家以来，刘冬基本上都包揽了家务事，深得萧时中母亲的喜爱。而萧时中得到这么一个聪慧的刘冬妻子，红袖添香，相互切磋，学业日进。萧时中日后乡试、会试，一路凯歌，一直到大魁天下的出息，都离不开贤妻刘冬长达 8 年的陪读侍奉之劳。

大魁明艳

曲山读书郎萧时中终于不负众望，他先是在全省考试中夺得解元（一说是第二名），继而在全国考试中夺得第六名，终于在皇帝亲自主持的御试中，夺得第一甲第一名（状元）！

成功之花，人们往往惊羡它现时的明艳，然而当初它的芽儿却浸透了奋斗的泪泉。

萧时中考取状元，自然历经千辛万苦。正所谓："千淘万漉虽辛苦，吹尽黄沙始到金。"然而，那是考取状元时的荣光，也不妨呈现在记忆里。

萧永生，曲山萧氏第 31 代孙，现为永阳中学退休教师。他主编重修了《曲山萧氏族谱》。通过这部族谱、萧永生的介绍以及查阅各种史料，后人得以窥见简约文字历史记载中那段明艳的荣光：

萧时中中状元的消息传来，庐陵满城欢喜。为此，上上届的状元、庐陵老乡、永丰人曾棨还专门为萧时中中状元赋诗一首：

乡衮曾抡宋殿魁，庐陵文运喜初廻。

九重天上承恩渥，八十人中识俊才。

蠹简几年窥夜雪，龙门一日动春雷。

行人若向青云望，定有红光烛上台。

大意是：咱们曾有文天祥夺得宋朝的状元，到今天庐陵县的文运又回来了，多么值得庆幸。如今的皇帝真是英明，在八十多个优秀学子中，识出了最有才俊的萧时中！多年在书海挑灯夜读，如今功夫不负有心人，终于在春雷声中登上了龙门。如果登高望远，一定能看到天空有红光照耀。

正在北京听候召见的吉水才子解缙，为此也赋诗一首。

上一届科举状元、庐陵吉水人胡广奉命题写了《时中状元及第题名记》。

庆贺、赞美，各方祝福之情，溢于言表。

萧时中三月四日中状元，五日被赐冠服、银带，并赐钞五锭，赐宴于会同馆。六日，萧时中与新科进士们一道，到奉天殿，向皇帝朱棣上表谢恩。10天后，即三月十四日，用才心切的朱棣火速提拔第一甲进士萧时中为翰林院修撰，二甲第一名苗衷、三甲第一名黄旸为编修。

萧时中中状元的消息传来，曲山一片欢腾。萧时中的哥哥萧不敏，一个也正汲汲于科举之路的读书人，闻弟弟大魁天下，喜不自禁，赋诗一首（略）。

是夜，曲山萧氏族人擎着九节龙灯，喝着喜酒，走村串户，彻夜无眠。

书院薪火

萧时中中状元，开了曲山萧氏文风鼎盛的先河。萧氏族人由此倍加认识到教育的重要性，以此为契机，从此大兴建设书院，代代相传，成为庐陵地区少有的“书院村”。

先有愚斋书院。萧时中的哥哥萧不敏，也是个读书人，有记载说他“于诸子百家之书融会贯通，尤擅于诗”，时而温柔敦厚，时而慷慨激昂。弟弟萧时中中状元那年，他参加了乡试，在《诗》这科上取得了第一名。1414年参加会试，却恰逢弟弟为主考官。萧时中见状，欲避嫌而辞去主考官，不敏极力阻止说：

“你避嫌是为私，主考是为公，不可以因私废公。况且父母年纪也大了。我回家专心侍奉二老，何乐而不为？”于是向礼部打报告，申请不考了。萧不敏辞考回乡后，在弟弟的资助下，在家开办了愚斋书院，设馆授徒。时人称赞道：“兄弟二人，一退一进。各得其宜，忠孝兼尽。”萧不敏倾心教学，每逢科举考试揭晓，门生们多有成就。而最得意的门生，则是他自己的儿子萧维祯。

萧不敏的儿子、萧时中的亲侄子萧维祯，字肇，号廖阳居士。由于自小受到父亲教育，又受到叔叔萧时中考取状元的激励，勤奋好学，于1430年进士，官至南京刑部尚书、兵部尚书，地位显赫。致仕后回到曲山，创办廖阳书院，扩规模，延名师，谨学规，培养了大批学子，为曲山文风再添薪火。其中有一个学子叫萧良友，曾中万历八年（1580）榜眼，著有《龙文鞭影》，成为明清时代《幼学琼林》之外的全国又一典型蒙童教材，影响深远。

再后，又建有荆州书院、惜阴书院、育才书院、建阳书院等。清末曲山学子萧魁斗（字星灿）以及其考入北京大学中文系的弟子萧国贞，又建造了星灿书院。

明清以来，曲山先后建起的这些书院群，薪火相传，为曲山培养了无数的人才，使曲山萧氏成为江南望族、江右大宗，曲山而成人文鼎盛之地。

天妒其才

徜徉下边村，古祠堂、书院、民居、古庙，传统建筑满目皆是。置身其中，无时无刻不让人感受到“状元村”的氛围。

很可惜，萧时中英年早逝，死在出差前往北京的路上，染病而终，享年才42岁。侄子萧维祯悲痛道：“呜呼，死生，昼夜亘古之常理也。而独摧胆裂肝而悲痛者，顾学问未就而典型先失！”后世族人也叹息：“感其才盛而弗寿！”而为他红袖添香的爱妻刘冬，则早在九年前就更先他而去，留下无限哀怨。

为萧时中撰写墓志的，是曾为他高中状元而题赞诗的是庐陵永丰老乡、上上届状元曾棨，撰写行状（生平事迹）的，是下届状元、庐陵泰和老乡陈循。庐陵两状元同悼庐陵一状元，惺惺自古惜惺惺。

萧时中墓葬在今曲山南楼村的东湖旁。后来生产队时搞田园化，墓地被毁，一同被毁的，还有萧维祯墓。两墓的神道碑、赑屃、石俑等被保存在今文昌公祠前。2005 年，曲山萧氏族人在重新修筑了萧时中墓和萧维祯墓，但规制都明显低矮了许多，仅表敬意，让人嘘唏不已。

萧时中的后裔如今分布广泛，其中一支在今曲濑乡黄冈塘村，其他在福建、湖南、台湾等省和日本、东南亚各国居多。

漫步在下边村的大街小巷里，但凡问及“状元萧时中”，萧氏族人无论男女长幼，都能自豪地讲述状元萧时中的几个传说。其中流传最多的，是他为水车题写对联的故事。大意是：

萧时中中状元后，回乡省亲，恰逢久旱无雨，村民久祷不验。萧时中对乡亲们说:“与其祈祷，不如自力更生，从禾河中车水上来。水车不够，我出钱买。”于是村民把附近市场的水车都买来了，族长对时中说：“今日就借你高中状元的贵手和时运，为水车题几个字，为我们抗旱助力”。时中二话不说，挥毫写就一边：“何须龙泉吉水。”众人诧异不解，只见他转身到另一边，写道：“但愿庐陵永丰。”把庐陵地区的几个主要县名镶嵌进来，又寄寓了良好的祝愿，真是绝妙好联！众人莫不称好，不愧是当朝状元。这副写在水车上的对联一时就流传开来，人们纷纷效仿，写在自家水车上。

今天，水车已被抽水机所替代。在庐陵地区，你若看到一部老水车，上面还留有“何须龙泉吉水，但愿庐陵永丰”字样，那就是庐陵宣化乡永阳曲山读书郎、明朝状元萧时中留给后人的遗产和印记。

如今，曲山萧氏族人依然保存着闹龙灯的习俗，逢年过节，青壮年们都把九节龙灯擎得老高，腾挪、翻滚、架天桥、架地桥，舞得欢快酣畅，仿佛回忆当年庆贺萧时中中状元的欢喜。

回望蜿蜒的曲山，感慨良多。长江后浪推前浪，江山代有人才出。几百年来，曲山人以萧时中为典范，启发、教育和激励子孙后代。故曲山一直文风昌盛，人才辈出。相信曲山的明天会更加辉煌。

陈 循

【一品状元陈循】

邹锦良

陈循（1385—1464），字德遵，号芳洲，泰和县城东梁家村人，明代著名政治家，永乐十三年（1415）状元。陈循自幼饱读诗书，学识渊博，殿试对策所论深受永乐皇帝赏识，不仅被擢为状元，而且随即被任命为翰林院修撰，以及皇帝侍讲。同时，陈循对朝廷的典章制度非常熟悉，故此他能长期随侍帝王左右，历事永乐、洪熙、宣德、正统、景泰五朝，在朝时间长达 43 年，并于正统十四年八月至天顺元年正月（1449—1457）担任内阁首辅。可以说，陈循在明代前期的政治领域具有重要的历史地位和深远影响，他参与了明代前期的许多重要政事，既有朝廷高层机密，又有地方基层事务，是明代第一个被授予一品官的状元公，可谓“爵极诸公”。同时，陈循在明代庐陵地域也有着重要的影响。明代的庐陵可谓是文化的中心，教育的高地，人才辈出灿若星辰，曾连续两次出现科举考试“团体冠军”的奇迹，以致当时有“天下多举子，朝官半江西”的美誉。陈循作为明代前期的庐陵士人杰出代表，在政治上他起到了承上启下的作用，前承杨士奇、解缙、胡广等先贤，后启萧镃、陈文、刘定之等后辈。

从神童到状元公

明代洪武十八年（1385）二月十六日，在泰和县城东面的梁家村陈氏家中一个男婴呱呱坠地，父母为其取名“循”，本源于《庄子》中的“循道而趋”之语，父母希望他能循着自己的道路不断前行。从名字字面来看，父母对陈循并没有寄予非常远大的期望，这和陈循家境一般也有很大关系。陈循少年即“生值多艰”，五岁丧母，十岁丧父，成为孤儿，更不幸的是，他二哥也早夭。于是陈循和长兄德逊相依为命，兄弟二人生活过得非常清苦，但两兄弟相互依靠，一同进步。陈循尤其爱好读书，年少时即以聪慧闻名乡里，据家谱记载：“（陈循）初入乡塾读书，不三数过辄背诵，老少咸异之。”《芳洲集》中称：“公生而清惠，称神童。”后来，陈循的叔父陈一敬罢官回乡，陈一敬看见侄子聪慧可爱却孤苦可怜，于是亲自教授陈循，陈循学业大有长进。

年少时的陈循家庭条件虽然不好，但学习刻苦认真，文献中记载他与同学姚与成的求学经历可见一斑。两人都天资聪明，曾一同就读于泰和县城南萧寺。一年中秋夜半时分，姚与成看到月色很美，遂放下书本离开萧寺返家，当他走到溪边，遇到一长老。长老对姚与成说道：“我有一对，你若能对答上来，我就让你走，如果对不出来，你就休想去回家。”姚与成施礼后说道：“请长老示教吧。”长老出了上联：“半夜二更半。”姚与成犹疑了许久，对答不出来，只好返回萧寺。陈循看见姚与成又返回了学堂，神情沮丧，十分不解，就问姚与成是怎么回事。姚与成只好把实情跟陈循说了。陈循听了，便对姚与成说：“你为何不对‘中秋八月中’。”姚与成听了恍然大悟，马上跑去告诉长老，长老听后连连点头，称赞道：“对得好，竟有大魁语气。”说罢长老就不见了。事后，姚与成自觉惭愧，从这以后就不再经常回家，虚心向陈循学习，把精力都放在学业上，后来进士及第。

陈循天资聪慧、刻苦认真，加之有叔叔长辈的辅导施教，学业进步很大，于是这位神童在随后的科举考试中屡创佳绩，成为当时的风云人物。永乐十二年（1414），他参加在省城举办的乡试获得第一名（解元），名重乡野。第二年他参加礼部会试第二，本来陈循是第一名的，但因会试主考官梁潜也是泰和人，与陈循是同乡，为避嫌遂改以洪英第一（会元）。永乐十三年（1415），明成祖朱棣在新都城北京举行首次进士殿试，殿试时竞争十分激烈，经过“殿廷对策”，陈循以策论水平高异获得永乐皇帝赏识，并点为状元。陈循的状元名号意义非凡，从国家层面来讲他是明代迁都北京后录取的第一名状元；从地方层面来看，他是明代泰和县的第一名状元，从而开启了明代泰和人才辈出的灿烂局面。泰和县南的龙洲寺早在魏晋时就有僧人曾留下谶语：“龙洲过县前，泰和出状元。”可谓是一语成谶。在朝为官的泰和人杨士奇知道陈循高中状元后，非常高兴，欣然作诗云：“龙洲过县千年谶，黄甲初登第一名，从此累累题榜首，东城迎喜过西城。”

允文允武

陈循高中状元后，因才学广博留在永乐皇帝身边，既担任侍讲，为皇帝讲读经典，又入职翰林院修撰，为皇帝起草各类诏令。众所周知，翰林院制度始于唐朝，在当时是专门起草机密诏制的重要机构，有“天子私人”之称。明代翰林院成为养才储望之所，负责修书撰史，起草诏书，为皇室成员侍读，担任科举考官等。翰林院修撰为掌修国史的官臣，明代通常授予一甲第一名进士，即殿试揭晓后，一甲第一名进士（状元）即授翰林院修撰。宣德皇帝上任后，也非常器重陈循之才学，宣德元年（1426）陈循受命入直南宫，担任侍讲，日承顾问，随侍左右。英宗朱祁镇即位后，仍然重用陈循，起初担任经筵讲官，翰林院学士。正统九年（1444）陈循入值文渊阁，掌机要事务。文渊阁最早是明太祖朱元璋“始创宫殿于南京，即于奉天门之东建文渊阁，尽贮古今载籍。”明成祖朱棣迁都北京，仿南京规制营建文渊阁。此后，文渊阁不仅有藏书、编书功能，而且还是“天子讲读之所”，文渊阁随后逐渐变成阁臣入直办事之所，并随着明代政治的发展，慢慢成为事实上的秘阁禁地。陈循深受英宗器重，很快“凡处军国重务、应制等文字及大官给膳，悉同士奇，日侍经筵讲说史故事如故。”正统十年（1445）年陈循升户部右侍郎兼翰林院学士。正统十四年（1449）又升为户部尚书。景泰元年（1450）升为首辅，景泰二年（1451）升为少保太子太傅兼文渊阁大学士进华盖殿大学士，可谓位极人臣。陈循在朝任职，受任于危难，始终把国事民谟放在首位，他被誉为“扶颠持危，肃奸举勇，忠心辅弼，安邦定国”的一代名相。

陈循不仅能文，还有武韬。英宗正统十四年（1449）七月，蒙古瓦剌部首领也先分兵四路，大举南侵，明军溃败，英宗御驾亲征遭遇“土木堡之变”。土木堡之败消息传到京城，皇宫上下一片恐慌。也先率部准备继续南下，一些胆小的官员鼓噪着迁都南逃。翰林院修编徐有贞以星象、历数为依据，说：“天命已去，只有南迁才可以纾难。”陈循审时度势，与吏部尚书王直、礼部尚书胡濙等官员，坚决反对南迁，主张以保卫京师为根本。在他们的坚持下，避免了明朝江山沦陷，民心得到安定。十月十日，也先率大军挟持英宗抵北京城下，列阵西直门外，并要明朝政府大臣胡濙、王直、于谦出来接驾。陈循认为：“应先派一般官员前去问安、探望，弄清虚实。如果英宗果然在，而也先诚心送归的话，即去迎接，不可延缓。”探望者回来报告说：“看到了太上皇（英宗），但也先无意将他奉还，只是将其作为入侵的筹码罢了。”陈循随即安排大将守城，不轻易出战。同时，他采用多种谋略以先发制敌。一是密令城外各个马坊焚烧所存积的马草，以困敌方军马。敌人多为骑兵，见积存的马草起火，惊恐不安。没过几天，战马果然无饲料。二是招募五名勇士，潜行去边防守军处传令赴京勤王，也先看到皇帝的调兵命令有所惧怕。三是撰写许多鞑靼文和汉文的宣传单，派人散发到敌人军营，以张扬我军势，涣散敌军心。四是以加封“国公”，奖励万金等高官厚禄悬赏也先首级，并伪造敌将喜宁的笔迹书写与太监兴安谋划合兵剿寇的书信，间离敌将帅。陈循的这四招招招制敌，十月十三日瓦剌军大败。随后瓦剌军退出塞外，京师解严。陈循在北京保卫战中所展现的军事谋略粉碎了瓦剌军夺取北京的野心，明王朝转危为安。

庐陵情深

陈循从泰和出发，科举考试连连夺魁，历事五朝，为官四十三载，官至宰相，应该是明代庐陵名士的代表。陈循也始终挂念家乡庐陵，翻阅陈循《芳洲集》可知其中有关家乡（庐陵、泰和）的序文、记文多达70余篇，足见家乡在他心目中的地位。

他在诗文中为家乡风景感到骄傲，如他为庐陵曾氏撰写螺山水木本源图序时为家乡山水代言，称“盖庐陵多佳山，其尤盛者有四，天玉、瑞华、城冈及螺山也。”他在《彭学孚还庐陵序》中位家乡风气点赞：“吾乡郡之俗最为可贵者，士务通经学古而重廉耻，民虽力于农贸然尚气节而轻货利。”宣德九年（1434），陈循为家乡士子在京师组成的文会深感自豪，他写道：“吾邑之士岁以明经应乡选者恒数十人，而克捷者往往十数焉，自永乐甲午迄于癸卯四科凡六十人有奇，可谓盛矣。”言语中充满着自豪。

他和家乡士人交往甚多，经常和家乡士人诗文往来。宣德年间泰和老乡陈直夫罢官回乡，陈循知道了撰写了一篇序文为其送行，赞誉家乡这位贤士，希望自己也能像他一样为官处事。陈直夫是明太祖时进士，后在地方上为官，受到地方百姓爱戴，“有廉名而无弊政，美哉，陈侯之为令也。”他写作此文不仅是老乡之情谊，而且更重要的是内心这种家乡文化的自信和自豪。又如他为家乡人萧汝奇赴任大理府作文送行，陈循与汝奇父亲萧甫是泰和书塾同学，他极赞萧甫虽未得官入仕，但培养子弟出色。这其实是陈循为家乡教育人才之盛感到荣耀，当然这也是当时泰和教育的现实反映。

天顺六年（1462），陈循上表谢恩，回到阔别多年的家乡泰和居住，落叶归根既是在外四十多载的陈循结束自己政治生涯，远离政治风波的最好选择，又是他回归原点，追寻自己最初的足迹的最佳体现，还是他亲炙庐陵先贤，感受庐陵文化，融入庐陵大地的最好方式。但天不遂人愿，回乡仅仅五个月陈循便以疾终于正寝，享年78岁，死后他葬于泰和千秋乡（今泰和县澄江镇龙门村）罗仚塘。因陈循曾遭遇过冤案，直到成化七年（1471），明宪宗方赐祭文于陈循，祭文道："卿制科首选，纶阁重臣，祗事累朝，克副倚毗，顷因权奸诬构，暂谪遐方，幸先帝明并日月，寻赐昭雪，敕还故里，以在年终，可无憾矣。兹特复卿旧职，遣人谕祭。呜呼！哀其死而悯其忠，式遵先志；厄于前而伸于后，永惬人心；灵爽如存，歆余至意！"应该说，明宪宗的这篇迟到的祭文既全面总结了陈循从高中状元到成为阁臣之要，从历事五朝到允文允武，从遭受诬构到平冤昭雪，最后荣归故里，又高度称赞陈循忠遵先志，永惬人心。这篇祭文是对泰和状元公陈循中肯的评价。

【荒台宿草迷】

刘述涛

“汉祖歌风处，荒台宿草迷。野云连砀北，溪雨过丰西……”这是陈循写的《沛县》。

沛县乃汉高祖刘邦的故乡。刘邦在沛县混吃混喝，到后来混到了一个泗水的亭长做做。说起来一个亭长的官位还不如今天一个乡长的官大，他只管十里以内的村民。后来，有了人所共知的汉高祖刘邦斩蛇起义的故事。有了汉高祖刘邦站在高台上，向人们举起了手中的剑。高台仍在，汉祖不见。于是，也就有了陈循的:“汉祖歌风处，荒台宿草迷。”应该是陈循在写这首诗的时候，一定没有想到，在自己死后的很长的一段日子里，自己的坟墓前，也同高祖的高台一样，也是荒草萋萋，一片衰败。

我走近陈循，走近泰和县澄江镇龙门村委康家组陈家山上的陈循墓，自然是同我如今天天行走的庐陵老街有关。

在庐陵老街上有一座状元楼，楼里供奉着从庐陵大地上走出去的17位状元,18位宰相,3000多位进士。自然,作为明朝在北京录取的第一位状元,后来，进翰林院做修撰，侍奉皇帝左右，从永乐、洪熙，到宣德、正统，再到景泰，历经五朝，整整43年的陈循肯定是位列其中。

在状元楼里的陈循的画像下，摆放着一个香炉和供品。这同陈循的后人有关，他的后人就是建造状元楼的人。所以，这位状元楼的主人同他的家人，每逢初一、十五，或是特别值得纪念的日子，都会站在陈循的画像前，供奉香火。也许也正是有着陈循这位祖先的一路护佑,状元楼的主人才一路高歌猛进，在事业上不断取得新的突破。

每一次同状元楼的主人聊天，在说到陈循的时候，他都会唏嘘不已。说陈循都已经年过古稀，还被冤屈，还流放铁岭达五年，后来，才被英宗一纸“放回原籍，为民闲住”，才得以回到阔别了几十年的家乡泰和。谁知道身心俱疲的陈循在回到泰和没半年就撒手离去，将一切交给了历史。历史将会是最公平，它将会给予所有的人答案。

在来到泰和县澄江镇龙门村委康家组陈家山上陈循的坟墓前祭拜，是在初夏的一个下午。那个下午之前，我同一群人是到泰和文田镇桥头的一所仁达希望小学去送温暖。仁达集团从诞生之日起，就一直不断地在做捐资助学的事情。后来还在文田镇的桥头捐资建了一所仁达希望小学，希望在桥头那块土地上的孩子，能够受到更好的教育。

走过这所希望小学，我忽然间有一种穿越历史的感觉，我分明看到在陈循后人建造的这所希望小学里，有陈循的身影。陈循当年被流放到铁岭之后，以执教为业，帮助铁岭的学子。陈循同自己的学生们说，我虽然老了，再不能够为国家做贡献了，但有你们，只要你们能够好好学习，能够成为国家的栋梁，我就是死了，也会感觉到很欣慰的。我想，埋在地底下的陈循应该十分欣慰，他的后人，又在将他尊文重教的理念继续发扬光大。

在桥头的仁达希望小学开展完活动之后，忽然有人提议，我们去陈循的墓前看看吧。提议获得响应，车子在弯弯曲曲的山路上跑，两边的山上都种着松树。车子离陈家山越来越近，同车的人对我说，就在陈循的墓山对面，是明朝另一位阁老杨士奇的墓。还说杨士奇的墓那可是真正的好，墓前两边都立有石俑、石马、石羊、石狮、石旗杆，石像前有石牌坊，牌坊前有华表，华表前有碑亭，亭内还有明英宗御赐祭文；墓后竖有“望碑”，正面楷书写：“呜呼！太师杨文贞之墓。”背面为其生平简介。在杨士奇墓的右侧还竖着一块两米高的墓碑，记录着他由一介寒士升迁至当朝宰相的一生。四柱牌坊上“与国咸休”四字清晰可见，是珍贵的文物。

既然杨士奇的墓都有这么好，我想陈循的墓也一定不会差到哪里吧。哪知道，通过一条后修的水泥小路上去的小山坡上，有一块红米石砌就的“陈循墓由比前进”的指示石碑和“此路为通向重点文物保护单位陈循墓专道，严

陈循墓茔

禁载重车辆通过或人为毁坏”的石碑之后，所看到的陈循墓地，让我大失所望。我想不明白，一位历经五朝的宰辅，他的坟墓竟是如此简朴。四周只是有古砖围了一下，可这样的围墙又怎么能抵御岁月的风吹雨打，好多围墙都被时光侵蚀得不成样子。更让人难受的是坟地相当凌乱，其中还有外姓坟冢，完全看不出当初墓地的形制。

我的目光在陈循的墓地扫来扫去，似乎想要寻找什么答案。

什么答案？我到底要寻找什么答案？

一块红米石砌就的青石碑上刻着祭少师陈循的碑文，碑文结尾写着：

鸣呼！哀其死而悯其忠，式遵先志；厄于前而伸于后，永惬人心；灵爽如存，歆余至意！

在这块碑石的字里行间，似乎有我要的答案在里面。

坐在往回走的车上，听着从大山里传来的乌鸦发出的呱呱声。我在想，一位70多岁的老人，当他从一场冤屈的浩劫中返回家乡，在油尽灯枯的时候，其言也善。他早已经看透了一切，也悟出一切，他才会交代自己的后人，一切从简！不要奢华，不要招摇过市，不要……这才会是我所看到的陈循墓地。

想到这些，我的心一下子变得释然，发现自己似乎离陈循的心又近了一步。我不由得脱口而出吟诵起他写的《沛县》后四句：“人自殊方至，书因去客题。鸰原千里隔，落笔数行啼。”

曾鹤龄

【勇担责任的曾鹤龄】

李敏

曾鹤龄(1383—1441),字延年,泰和县澄江镇曾家人。明永乐十九年(1421)辛丑科状元。历任翰林院修撰、侍讲、侍读学士、奉训大夫等职，参与编修《成祖实录》《仁宗实录》《宣宗实录》等，勤勉认真，屡受嘉奖。他在翰林院供职 20 年，虽然级别不高但以出众的才华和端庄的品行赢得了同僚的敬重。他在文学上也颇有成就。其著作《松月集》存于《四库全书》集部别类。《四库全书总目》评其诗文长短曰 :“诗多牵率之作，命意不深，而措词结局，殆非所擅长。文则说理明畅，次序有法，大底规模欧阳，颇近王直《抑庵集》，而着则不及。”

他在求学与为政的过程中，意志坚定，敢作敢为，勇于承担责任。曾鹤龄中状元，历尽了千辛万苦。他 22 岁的时候，与哥哥曾椿龄一同去参加全省的乡试，同科中了举人。本来应该一鼓作气，第二年进京会试，考个进士。可是，曾鹤龄考虑到父母年迈多病，如兄弟俩都去北京考试，家中没人照料不行。他想到哥哥年龄大了，进京应试的机会不多，自己还小，来日方长，便主动留在家里照料父母和嫂侄，让哥哥赴京应试。哥哥中了进士，任了庶吉士的官职，可以照顾父母了。三年后的下一届科考，曾鹤龄打算进京应试，没想到哥哥一病不起，英年早逝，一家人十分悲伤。他要赡养父母，还要供兄长的遗孀、幼子，里里外外全靠他操持，哪里还有心思和精力去赴考。

过了两年，父亲去世了，得守孝三年。这样一再耽搁，曾鹤龄快 30 岁了，还没遂进京应考之愿。为了生计，他开了个小书馆，可学生多是穷人子弟，收的学费较低，维持不了生活。只好又在城边开了家杂货铺，生意不错，家里的生活一天天好了起来。他白天忙于事务，晚上坚持读书作文，学习从不懈怠。过了好几年，侄儿和儿子长大了，可以自食其力了。年近 40 岁的曾鹤龄把店铺交给他们打理，终于背上行囊，进京参加会试，并一举夺魁。这时，距他中举已有 16 年了。

据史料载，曾鹤龄去京城参加全国会试时，有一个有趣的插曲。在途中，他与浙江的几位举人同舟赴京。一路上浙江的年轻举人谈笑风生，指点江山，意志风发，志在必得。曾鹤龄历经了太多的磨难，显得稳重老成，不太喜欢和自以为是的年轻人言谈。年青人见他似木讷愚钝，便时常找书中的疑难问题或典故问他。曾鹤龄知道他们有些瞧不起已近不惑之年的自己，便面子上应付几句，或干脆说不知道。浙江的举人们便私下议论说，这位老先生看样子没什么才学，只不过偶然在乡试中侥幸中了举人，才能有资格和我们一同去参加会试。渐渐地，干脆叫曾鹤龄为“曾偶然”。他听了不以为然，不同他们计较，只是在船中静心读书。参加会试又殿试，同舟的浙江举人全部落榜，唯独曾鹤龄荣登榜首。在后来的聚会上，浙江的年轻人很抱歉地说不该讥笑他。曾鹤龄写了首诗调侃他们：“捧领乡荐谒九天，偶然乘得浙江船。世间因有偶然事，岂意偶然又偶然。”诗句幽默诙谐又有深意。

曾鹤龄中状元有个神奇的传说。说是殿试后，评卷官把他的考卷列为第一。可会试的主考官是泰和人杨士奇，上届的状元是泰和人陈循，如果这一届状元还是泰和人，怕别的大臣会说主官徇私偏心，还有可能被政敌抓住辫子攻击诬陷。以稳健持重著称的杨士奇说服众评卷官，把曾鹤龄排在第二，将刘炬列为第一。明成祖在看考卷定状元的前一天晚上，做了一个梦，看见一只大鹤在宫殿内飞翔，成祖认为是天下吉祥的预兆。第二天，成祖审阅考卷时，见曾鹤龄之名，心中大喜，觉得祥梦得到了应验，便决定曾鹤龄为状元，把刘炬排在第二。

真正使曾鹤龄夺魁的原因。自然是他经历了生活的磨砺，对社会有较深的理解，所写的对策具有现实价值。当时，天下太平已久，歌功颂德之作日盛，而曾鹤龄的文章针砭时弊，直面社会问题，难能可贵。出身贫寒的内阁大臣杨士奇赏识他，明成祖认同他，是不足为奇的。

曾鹤龄一直在朝廷为官，因入士时已年近 40 岁，进取不易，一生的官职最高只有五品。他为人坦荡率真，敢于承担责任。正统三年（1438）乡试，他以翰林侍读学士的资格出任顺天府考场正主考。顺天府是京畿之地，在朝廷的近旁主持乡试，曾鹤龄感到荣幸又责任重大。乡试就是考举人，取得举人的资格才能在第二年参加全国的会试，才有可能中进士。乡试很严格，要分门类考三场，每场考三天。曾鹤龄第一次主持科举，十分谨慎，对考场的布置、监考官的职责、考卷的保管等都一一检查落实，发现问题严令纠正，考试顺利结束。

可不曾料到，贡院的伙房，炉灶中炭火未灭。夜里被一阵风吹起火星，引燃了灶边柴火，灶房烧了起来，曾鹤龄发现后，赶忙组织人员灭火。可火势太猛，很快蔓延到存放考卷的库房。曾鹤龄又命人抢救考卷，大部分安全搬出。火被扑灭后，曾鹤龄召集考官清理被烧的考卷。幸运的是，只有十分之一的末场考卷有的烧去了卷尾，有的烧掉了半截，密封名字的卷头都完好无损。怎么处理这事呢？有的考官说，这件事要严格封锁消息，不能让朝廷知道。否则，我们降职事小，恐怕还会被流放坐牢。反正被烧的考卷不多，评卷时作废卷处理则可。如只烧了半页一页的，酌情评个等次也就罢了。

曾鹤龄深思良久，说道：“我是主考，失火的责任由我一人承担，各位不必担忧。如果被烧的考卷之中有上乘之作，作废卷处理，岂不埋没了良士？我们都是过来之人，知道考个功名的艰辛，不能简单处理了事。我们的过失不能让无辜的考生承担！”他当场决定，立即报告朝廷，请求重考一次。两位副主考提议，能否把被烧的考卷作废卷处理的意见也报朝廷，以便权衡利弊。曾鹤龄同意将两种意见同时上报。曾鹤龄在奏章中，说明了失火的原因，表示愿意接受任何处罚。为了维护科考的严肃和科举选士的公正性，建议朝廷批准使用备用的副卷，让所有考生重考一次更妥。英宗接到奏章，考虑到火灾属意外事故，不追究考官的责任，同意重考一场。曾鹤龄对考生无比负责的精神，受到人们的高度赞扬。

【曾家巷里寻遗踪】

刘晓雪

从县城往西到中医院这条老街，是整个泰和县城最繁华的地段，即便是傍晚时分经过这里，也显得有些拥挤。穿过大菜市场，没有那么嘈杂的市井声，不过，开小吃店、卖糕点、糖果、蜜饯、炒货的店铺也还是很有人气，店家边炒菜边做着生意，两不耽误。许久没往这里过，时间又充裕，我东瞧瞧西望望，挤挤又让让，一条不长的街居然走了半个钟头。出了闹市，再往中医院大门一过，一拐，就到了曾家巷。有巷就有名，泰和县城的小巷以姓氏命名的不少，胡家巷和曾家巷算是比较有名气的。曾家巷，听听巷名，自然和曾氏有着莫大的关联，以至于巷取姓氏 。一查县志，宋代鼎鼎有名的“农学专家”曾安止和明朝永乐十九年状元曾鹤龄都与曾家巷有极深的渊源，而曾鹤龄就是曾安止的后裔，家居西门曾家巷状元坊。其实，我家就在老街上，母亲在曾家巷附近的机引厂上过班。以前，我来来回回往曾家巷走过，除了棉织厂里传来轰隆隆的织机声，实在是没有听说，也没有见过牌坊一类的古建筑。现在知道地名里有个状元坊，总觉得应该有座牌坊，或者就该有一座祠堂，而不是现在就一条简陋的巷子。或许，我每次走过，总是行色匆匆，一点也没有记住它曾经的模样，现在知道了它的来历，却面目全非了吧。不过，

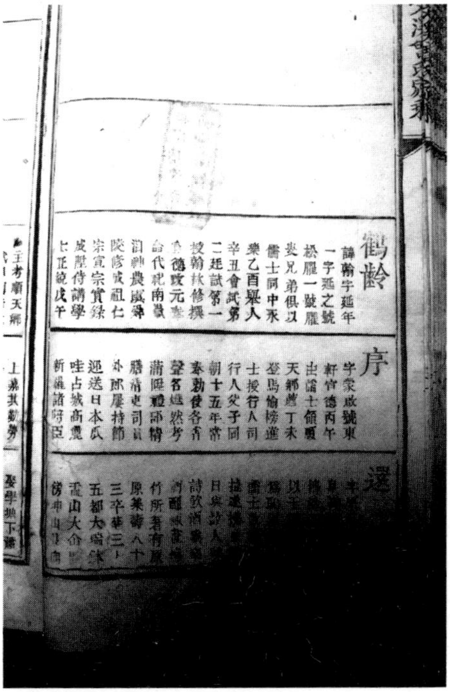

曾鹤龄故里泰和文溪家谱

它的前世今生恐怕离不开两个人，一个是宋熙宁六年进士，曾任彭泽县令，因目疾辞官归隐，一心研究农学，撰写农学专著《禾谱》的曾安止。另一个就是明永乐十九年（1421）状元曾鹤龄（1383—1441）字延年,一字延之,号松臞，永乐十九年（1421）状元。历任修撰、侍读、侍讲学士。史载曾鹤龄状元及第后，西门外大街曾家巷为他建状元坊，地名遂改为曾家巷状元坊。

今天，映入我眼屏的曾家巷，房挨房铺连铺，狭促、拥挤、平常。我该从哪里去寻找状元遗迹，探访曾鹤龄一生的践履芳躅呢？炊烟缭绕，风中传来饭菜香，以及孩童的欢声嚷叫，无时无刻不提醒我时过境迁、今非昔比。好在西门村委会曾主任正是曾家巷人，曾鹤龄的后人。我问他曾家巷有没有与曾鹤龄有关的牌坊或祠堂。他说，曾家巷本来是有一座状元牌坊的，可惜在抗战时期，国民党省政府迁到泰和，状元牌坊在路上，因影响行军速度，被拆毁了。中华人民共和国成立后，曾家巷一直靠近县城的中心，早些年建菜市场拆了曾家不少老房子，后来又建中医院、棉织厂，再后来又搞房地产开发，还能留下老房子？是啊，历经一千多年的岁月洗礼，还能见到什么了。见我心生不甘，曾主任带着我去巷子里转来转去。不去转时，以为曾家巷不过是条小巷道，弯弯曲曲转了一圈，才发现巷与巷直角相连，老墙缝里野草迎风而舞，地面暗渠由长条青石板铺就，有的地面用鹅卵石拼成，仔细辨别图案，依稀有钱币、花朵的模样，至今精美。也有一两栋老房子，歪歪斜斜，满是沧桑，在一面危墙上我见到了“达尊坊”三个大大的木炭字，再过去一点，看见“文溪”两个字，我如获至宝，大为欣喜。说明文溪村、坳街村、梁家、曾家村都在一条街上，泰和人俗称的澄江曾家巷其实是由几条巷道相连贯通的。来之前，我翻了那么多的史志，做足了功课，结论就是曾鹤龄所在的明朝，泰和县出了三个状元，第一个是泰和东门的陈循，六年后是西门的曾鹤龄，50 多年后是曾彦，其中曾彦是曾鹤龄的从侄。曾鹤龄中魁时的主考官是泰和东门的杨士奇，陈循的主考官是泰和西门梁家的梁潜，曾鹤龄去世后，英宗命时任礼部侍郎的王直往祭，王直就是西门坳街村达尊坊人（坳街村因明代有多人进士及第、

22 人入仕，且在永乐间建有为吏部尚书王直而立的牌坊而易名达尊坊）。杨士奇、王直他们与曾鹤龄同朝为官，其中杨士奇、陈循、王直都入内阁为辅臣。在同一个朝代，密集出现从同县同村，甚至同一条街上，通过科举而成为同僚，这确实令人惊讶。看来，曾家巷里有故事哦。据泰和县志记载，陈循高中状元时，杨士奇曾赋诗云："龙洲过县千年谶，黄甲初登第一名，此累累题榜首，东城迎喜过西城。"后十余年间，西城曾鹤龄，典史曹鼐果然相继及第。成化戊戌（1478）廷试赐进士及第三人，二出泰和，第三名（探花）为曾鹤龄之孙曾追，状元（第一名）则是曾鹤龄之从侄曾彦。国子祭酒罗璟旌送状元归第时说："江右贤科十回虎榜魁天下，西昌文运三应龙洲过县前，都人荣之。"泰和在明朝的那些官员里，杨士奇是个传奇人物。他布衣入相历五朝，在内阁为辅臣四十余年。从朱棣做到朱棣的儿，朱棣的孙，比解缙成功得多，但吊诡的是，同朝入阁，偏偏解缙名气大，杨士奇鲜有人知。但杨士奇的成功更传奇，更具草根性。解缙情商低，被人陷害致死，而杨士奇恰好相反，情商高得不得了，每次祸事来临，都能逢凶化吉，且首辅当了二十一年。他与杨荣、杨溥同辅政，并称"三杨"。陈循（1385—1464），字德遵，正统十四年八月至天顺元年正月（1449—1457）任当朝首辅。 王直，永乐二年（1404）进士。正统三年（1438），修《宣宗实录》成，升礼部侍郎，正统八年（1443）升任吏部尚书。这些泰和人都有着相似的奋斗经历，从小家贫却聪颖好学，大魁天下之前，为生计奔波却不曾放弃学业，而后通过科举（杨士奇除外）进入朝廷，一步一步成长为国之柱石。

他们在明王朝的朝廷里演绎了多少帝王将相的故事？成就了多少修身齐家治国平天下的家国情怀？历史深处的时光幽邃地泄在曾家巷，引领着我踏着时间的阶石，一级一级向上走。历史风云变幻诡异，命运往往会出现拐角，也是在这个王朝里，梁潜问斩，陈循被流放，杨士奇晚年溺子，王直全身而退，而曾鹤龄以学问见长，却始终没有卷入权力的旋涡。

曾鹤龄做官后曾经回过故里，明阁老杨荣写过一首《送侍读曾鹤龄归省》:

“才高曾占甲科名，官任词垣独有声。载笔久看承雨露，宁亲今喜荷恩荣。”可见，曾鹤龄官声不错，与达官显要亦有交情。曾鹤龄供职翰林院达20年之久，在文学上颇有成就，是明朝的文学家，史称其“文章之美，中外称之”。当然，他的文章之美以我今人的眼光来看，似乎难评价。不过，他的一篇戒酒不成反自辩的文章《曲生辨》，倒是非常有情趣。《曲生辨》全文近千字，仅有一个“酒”字，所怨所辩却处处见酒。原来，这个曾鹤龄是个酒中君子，因为喝酒误事丢丑，就决心戒酒，但在内心之争斗中，终于未能抵挡住“曲生”之诱惑，不但戒酒失败，反而将喝酒之妙处一一历数于《曲生辨》一文之中（其实就是辩解不能戒酒的种种理由）。难怪陆负山评批：“世人皆于醒时做浊事，安得醉时有清身？若欲醉时得清身，须于醒时有清意。如此解山人曲生，山人当亦首肯矣……”看罢，我不禁莞尔，这篇文章倒是可资于后世酒徒们借鉴。

兜兜转转，始终没有找到曾鹤龄的一丝半点遗迹，而暮色四合，只好往回走。世上的事往往无巧不成书，在中医院大门口对面，就遇见了曾主任的堂叔，西门村的老书记。“怎么没有状元公的痕迹？我七八岁时，家族每户出一丁去状元公风水（墓地）附近的田庄收租，我父亲去了好些年，收来的田租只要是状元公的后人都有份。清代同治年建千秋书院用地都是状元公的族地，以后一百多年，曾家的子孙进千秋书院读书，都不需要缴学费的。‘曾家巷里状元坊，一门三代六进士，祖孙两辈双鼎甲’，小时候我听得多、唱得多哩！”老书记声音洪亮，说到宗族荣耀，如数家珍。当然，我也是为之一振，千秋书院就在曾家巷？昨日的棉织厂，今日的居民小区？我看过竺可桢日记，1938年浙大西迁，校本部就设在大原书院。原来，千秋书院与大原书院是同一所古书院！当年竺可桢拍摄的相片里，大原书院门庭阔大，马头墙层层叠高，直至与树梢平齐。他拍浙大教师在书院合影，相片中还可看见梁柱门窗精细的雕板。“状元公三代魁甲，留下家财建书院，又置下店铺田地，供书院、宗族子孙教资膏火。我读书的时候，千秋书院里还有状元公的画像和牌匾，院子里有一块黑乎乎的大石头，像块铁，用石头敲打，直冒火星，听老人说是块天上跌落的陨石，可惜，这么好的书院给拆除了。”老书记唏嘘不已，我们心里也是惋惜得很。清末，鹅湖书院山长匡文涛毕业初始就在千秋书院执教；光绪年间，永新人萧廷彬，曾执掌千秋书院，四方求学者络绎不绝。浙江大学迁驻上田村后，大原书院成了浙大的校本部，竺可桢、马一浮都曾在书院里训导、执教。我问老书记，曾鹤龄墓地现在还有什么了？老书记沉默半晌“还能有什么了，破“四旧”，石牛石马填了沟渠，墓地平了田，探花公（指曾鹤龄之孙曾追，蒙简子，成化探花）的墓在杏岭，民国年被挖，听说像血一样的水流了三天三夜后，墓道现出两块圆鼓鼓的大鹅卵石，后来石头不知去向。现在，我们曾家再也没有出过状元探花，老辈子说那两块鹅卵石是曾家的人仲，石现人衰啰！”其实，风水的说法，哪里有什么可信的，终归于传说罢了。但是，看得出，老人家有些难过，“鹤龄公的祠堂拆了，地上建起了房子，只留下几段红米石，过年要祭拜祖先，我们这些个上了年纪的人只好对着红米石，点香烧烛、跪拜磕头；再过几年，红米石会没了，我们也走了，谁还会记得曾家巷里的状元坊？”

告辞出来已经很晚了，我一个人慢慢往回走。此时，夜色虽浓，月光正好。回望曾家巷，古巷陌深，万家灯火。时光流逝，斯人已去，状元坊里难寻状元遗踪，往事钩沉，波澜横生，小巷明朝还听春雨！

刘俨

【刚直不阿的刘俨】

彭庭松

一

在吉水县水南镇有个村庄，村名叫做火烧桥。听起来是有点特别，好像天生就会有个传说。状元嘛，三年出一个，寒窗苦读到塔尖，不弄神奇一点显示不出份量。火烧桥原名泸江桥，位于吉安、兴国、吉水三地要冲。传说明朝洪武二十七年（1394）九皇节，这日泸江桥村一片喜气洋洋。九是九月初九，皇是玉皇，节日是纪念玉皇圣诞。如此风物如此节，自然少不了请来道士祈祷助兴。道士披头散发，排空驭气，作法之中突然剑落，惊得睁开了双眼。再观天象，两眼发亮。道士于是急切切走到族长身边，朗声说道："恭喜贺喜了！有一黄龙伞降临贵村，贵村一定有贵人诞生了！"族长喜出望外，赶紧派人挨家挨户去寻找，看看村中怀孕之人有谁临产。结果搜了个遍，没有发现。正疑惑之际，突然有人来报，本村女静宜嫁夏朗村刘氏为媳，有孕在身，正在娘家过节呢。族人大惊失色，赶紧派人去追查。结果发现，在母亲的帮助下，静宜在村边的一棵樟树下生下一名男孩！

这在今天本来是好事一桩，要是我，索性就将这孩子取名樟生好了。但照封建观念看来，嫁出门的女，泼出门的水，女儿出嫁后与娘家关系自然疏远，并且有了很多忌讳，在娘家不能生孩子就是其中之一。何况此刻你把贵人的指标都占掉了，肥水流了外人田，风水向着村外转，这还了得！于是族人不知为何，竟然义愤填膺，不约而同拿着锄头家伙追赶过来，想将男孩抢过弄死。静宜只能抱着孩子跑啊跑啊，拼尽全力过了泸江桥，就再也跑不动了。对岸呐喊声和咒骂声此起彼伏，仿佛她是十恶不赦的逃犯。她扑通一声跪下，向着苍天哭诉："老天开眼啊！如果你可怜我娘俩，就烧了这泸江桥吧！如果孩子将来真有出息，一定重修泸江桥！"话刚说完，电闪雷鸣，直击这木桥，桥立马被烧毁，交通中断，河水猛涨。追赶到江边的人一时惊呆，面面相觑，人心可恨，天意难违啊。族人于是停止了疯狂的追赶，冷静下来，转而对这刚出生的外甥生出敬畏心来。刚才的鲁莽实在不应该，他们都在心里祈求未来状元的原谅呢。

这生下来的孩子名叫刘俨，明正统七年（1422）高中状元。故事没有悬念，后来他果然出资重修泸江桥，不过这桥名因为这一段传奇，就改作火烧桥了。

二

刘俨（1394—1457），吉水县水南镇店夏朗村人。多好的名字，春明夏朗秋高冬净的，多么有诗意！刘俨，字宣化，号时雨。时雨宣化，恭肃俨然，这名、字、号的一体含义，倒是溢出了书香的气息。

遗憾的是，刘俨不是书香门第出身，反倒是贫寒子弟一个。小时候和其他孩子一样，少不了放牛、砍柴、干农活。他用捡蘑菇和卖柴的钱来买书，父母看在眼里，很是高兴。开始时，他还得走将近十里路，到泷江边的文昌书院去读书呢。他自幼不凡，勤学励行。父亲退庵知道他有远大志向，果断决定给他开点小灶，让他和族中有文化的先辈学习。

据《明状元图考》《国朝列卿纪》等记载，刘俨十六七岁时，作出的文章就合乎义理，中规中矩。他喜欢考据史实，凡事属于穷究底细的那种。不但究根问底，而且还身体力行。他经常对人说："读书怎么能只知道点皮毛呢？"过去考八股文，很多人只对考试文章终生揣摩，对不考的广大知识不闻不问，这实用功利的态度，让人想起就生气。举子之业到底是皮毛之学，难怪说是敲门砖。刘俨不满皮毛，想深学到里子，这才是个真正求学的人，就为这点都要给他一个大大的点赞。

24岁那年，刘俨兴冲冲去参加乡试，结果落榜。再苦读三年，出门看蓝天白云，他便胸有成竹了。于是慨然有夺魁天下之志，说："我的道德文章应该可以了！大丈夫哪有终生不遇的道理！"这就是学问自信，表现得踌躇满志。他心已跃跃，赶紧收拾行装，提早些日子到了省城贡院。趁考前有暇，和一班同样雄心勃勃的秀才在聚奎楼前作诗言志。后来他将这些倡和诗结集，诗集的名称不传，猜想会是青春行吟之类。他对这些其实没有多少实际内容的诗倒是十分看重，还隆重地为它写了一篇序言。正统七年（1422），在殿试中，他文章多有耿直忠爱之词，加上文采出众。当廷拔擢为第一，荣耀地中了状元。

三

刘俨为人刚直不阿，清正廉明。有年他去主持京城脚下的顺天府乡试，刚好内阁大臣陈某和王文的儿子也在考生队伍中。两位大臣不顾政治纪律，不讲规矩，公然给刘俨打招呼，要他大开方便之门。不料官阶低很多的刘俨不吃上司的一套，严词拒绝，表示自已只会秉公办事，并提醒他们要管好身边的人。为杜绝再有人说情，他索性在考场大门贴上一副对联：

"铁面无私，凡涉科场，亲戚年家皆谅我；镜心普照，但凭文字，平奇浓淡不冤渠。"

桂榜公布，没有两位大臣儿子的名字。陈某、王文恼羞成怒，倒打一耙。指责刘俨等阅卷不公，并下令严查。写到这里，我想起了龚自珍的名言"士大夫有耻，则国家永无耻矣”。怎料威武不能屈的刘俨本是个清官，查个底朝天也毫无收获。于是居心险恶的两位内阁，竟然在刘俨所出的策论题目上大做文章，用罗织文网的卑劣方法，“峻文巧诋”，想方设法激怒皇帝，意在兴起文字狱，必欲置刘俨于死地而后快。皇帝下令再次调查，好在少保高谷公心办案，力陈刘俨的清白。皇帝为了平息这些矛盾，尽管内心看不起陈、王二人，还是破例赐予他们的儿子为举人，让他俩去参加会试。哎，有这样昏庸软弱的皇帝，大明何愁不加速衰败？当时的人见到这两对官二代活宝，都语带玄机地称呼为“钦赐举人”，明褒实贬的意思很明显啊。不久明代宗驾崩，英宗复辟。陈某被流放，王文被杀。这时大家回过头来，就更加敬佩刘俨了。

刘俨孝敬父母，友爱兄弟。父母满头白发，没有精力再来当家。大哥又早亡，二哥沉浸于诗词歌赋，这样振兴家族的使命就落到了刘俨的头上。他细心料理家事，不管公私事务多么繁忙，他对治家丝毫不放松。他极尽能力侍奉老人，寒暖牵挂，不让父母生气，他们要用的东西一样都不缺。待到双亲见背，他悲哀欲绝，骨销形瘦，散尽金银，厚葬双亲。他教习子弟，侄子如儿，一视同仁，严格要求，务必使他们成才。

刘俨对待族人亲仁爱仁，敦厚有方。家境窘迫的，他捐出俸银，帮助他们安葬亲人。贫苦人家的青年子弟，他出资为他们解决婚配问题。欠他家钱的人，他将债券全部烧光，学孟尝君的义举，全部免除了他们的债务。又以宋代名臣范仲淹为榜样，在家乡祠堂左边立义仓，储存粮食周济穷人。史书说他“居乡有惠泽”，“有令德”，看来确实不是虚言。

刘俨尽管威严，但也不缺乏幽默感，没有把生活过成铅灰色。《尧山堂外纪》等书上记载，刘俨中状元那年，邵进刚好是进士最后一名，俗称殿甲尾。可能是请客还是啥的，刘俨曾经给邵进送去请柬。结尾总得要谦虚一下，于是刘俨在自己名字前署上“年末”二字。注意这年末不是说马上要过年了，而是同年微末之人的含义，就像人们经常自谦为叨陪末座一样。这科举考试，同一年考中进士的，当然叫作同年进士，那些榜上人相互间也就以同年相称了。

中国从来不缺少挑拨离间的人，有人就对邵进说："刘先生是笑话你居于殿甲尾，在同年中处于末尾，所以用年末来讽刺你呢。"哎，中国的文字呀，真是害死人，这样解释好像也不差呢。邵进士本来就为最后一名恼火，听人这么一说，就好像阿 Q 听到别人说灯泡亮一般。他怒气冲冲地说："状元涵养太差，没有修养功夫。我见到他一定要当面侮辱他！"这真是一场公关危机，如何化解呢？刘俨采取的办法是举重若轻，他送给这位同年一首诗，诗云："状元本是龙头选，龙尾分明属邵卿。龙尾掉时天必雨，龙头未必敢相轻。"邵进看完，不觉笑了起来，也知道状元原本没有嘲笑自己的意思了。

又据焦竑《玉堂丛语》所载，明朝东宫太子府官名多沿袭古称，如庶子、洗马之类。景泰年间，刘主静升任洗马，兵部侍郎王伟开玩笑说："先生一日洗几马？"主静应声答道："大司马洗得干净，少司马尚洗不干净。"大家听了哈哈大笑。因为兵部长官过去称为司马，正职为大司马，侍郎之类的副职自然称为少司马。这王伟玩笑开开，结果惹得自己都洗不干净了，在大家的笑声中，估计王伟难免尴尬到脸红。后来刘主静与李克述同升庶子，刘俨就对刘主静曰："其他人都是假庶子，先生你是真庶子。"刘主静是小妾所生，不是嫡传，过去叫庶出。这玩笑开得过头了一点，有点问候老妈的意思了，所以大家听了之后，都笑不出来。状元公莫非是要为王伟打抱不平不成？

四

刘俨官运并不济。有人统计了一下，明朝凡是戌年中状元的，没有一个有好运。"凡戌魁无一人至台辅，岂非其数耶？"这戌让人想到那虚，正是民间谚语所云："空心大萝卜，外美心中虚。"刘俨是壬戌年中的状元，不幸也中了魔咒。刘俨累官太常寺少卿、太子侍读，春坊大学士。虽然早年和商辂一样，入东阁读书，作为重要的后备干部培养，但后来仕途差别就很大了。英宗复辟后，让刘俨掌翰林院事，本来有大用老成之意。但长恨天不假以年，刘俨最终在 64 岁时道别了人生。西风萧萧，人如蒿草，皇帝痛惜不已，令工部负责安葬之事，并派官员到家中拜祭。因刘俨为人刚正耿介，嫉恶如仇，立朝有直声，所以谥号为文介，赠礼部侍郎。

刘俨虽然在官任上去世，但遵照传统风俗还是叶落归根，被安葬在夏朗村。现在他的墓地尚存且应保护得不错，政府也还重视，墓地已经成为省级文物保护单位了。清代吉安知府陈本深为乡贤立状元坊，刘俨坊在“县治北八十步月洲桥下，又在四十二都”，估计今都已不存。

刘俨有文才，以古文名天下。曾参与修《五伦书》《历代君鉴》，并担任过《寰宇通志》《宋元通鉴纲目》等总裁。《明史》云有《刘俨文集》三十二卷，《千顷堂书目》亦云：“刘俨刘文介公集三十二卷”。但到了《四库全书总目提要》，著录《刘文介公集》只有三十卷，比前面所云少了两卷。三十卷的分类为:策表讲章一卷、记四卷、序十四卷、杂著六卷、五七言古今体诗五卷。会元姚夔为其文集作序。对于刘俨的文学评价，四库馆臣说是“尚沿台阁旧体，无疵累之可括，亦无精华之可挹。”意思是说，文章很官样，没有明显的瑕疵，也没有什么特别的精华，平庸而已。

四库馆臣号称严谨，但给刘俨这样的评语似乎有点随意。我读他文《重修西山书院记》《送曹尚书复任序》《行人罗君墓志铭》等皆有可观，文笔自是上乘。至于诗歌，我只读过他两首，一首《宫词》，似乎还有宫体痕迹，诚不足取。而另一首《舟中漫兴》，我看写得已经很好，放在整个明代都是上佳作品啊。不妨全录，以待读者去各自评判。诗云：“青天缥缈吹云衣，碧水颠倒插翠微。三家五家村舍出，一点两点沙鸥飞。柳枝袅袅拂过艇，苔花斑斑生钓矶。风尘不到是乐土，莫怪往来城府希。”能写出这样诗篇的，怎么能说“无精华之可挹”呢？

【碧落清音走东城】

张昱煜

稻子金黄，芝麻开花，绿豆结荚，花生饱果，大片的荷花开得热闹，有风吹来，一股清香。蓝天白云下，江南水乡如画。我驱车探寻的状元刘俨故里，吉水县水南镇的东城村，就在画卷里。

东城村还有一个好听的名字叫“夏朗”。《徐霞客游记》中道：“十三日由水北度桥，直南五里，渡泸溪桥，是为夏朗，即刘大魁名俨发迹处也。”

一路上，微风夹着稻香，缕缕飘来。同来的曾君说，刘俨活到 64 岁，估计我们能看到的遗存会多一点。果然，我们看到了状元宗祠，看到了状元的墓地。

在一片空旷的稻田里，最先看了刘俨的墓地，严格地说，是刘俨与妻子的合墓。墓地前辟有一块铺满青砖的空旷地，有燃烧了一半的香烛，有散落的纸钱，还有祭奠留下的空酒杯，一看便知不久前状元的后人来此祭拜过。黑色的墓碑镶嵌在青砖里，墙砖明显是用石灰、糯米和蛋清砌成。“明故右春坊大学士刘文介公之墓”，一行字寂寂无声。墓碑前，几株红茎绿叶的芋头长势喜人。

墓地外围，红薯藤比赛似的铺了一地，芝麻开着一串串小白花，如铃铛一般斜挂着。田里，有三五老农，低着头劳作着。我问一位老哥在忙什么，他说，在拔“田畔豆”呢。听着“田畔豆”三个字，我竟然心头一暖，种在田埂上的毛豆，状元故里的后人，赋予它如此温情而诗意的名字，有味。

端详着这山这水，心头不肯宁静了。一纸高中的皇榜，从千里之遥的北方，一路传递过来，让这个名不见经传的小山村，与京城有了联系，与天下有了联系。那朵镶着金边的祥云，投下的影子，惠及这个叫“东城”的地方，真是幸运至极。

退一步，不免浮想联翩，感动于那时的科举制度，也似乎存在着相对的公平，存在着“不拘一格降人才”的天职，要不然，这位年近五旬，家住山乡僻野的汉子，也不可能大魁天下。

脚下的这片土地，还是500多年前的土地，稻子还是那垅稻子，竹林还是那片竹林，只是，人生不过百年，我们找寻的状元，远去了。

状元虽然远去了，他的后人依然守候着这一方家园厚土，幸哉。

我心里稍微得到了安慰，在寂寞的稻田里，文介公不寂寞。

刘俨，（1394—1457）字宣化，号时雨，正统七年壬戌（1442）中状元，谥文介，赠礼部侍郎，最高任职为太常寺少卿兼侍读。著有《刘文介公集》三十卷。从时间上推算，他中状元时，年近半百，应该说办事成熟练达。明景泰年间，他两次以翰林侍读，出任顺天乡试主考官，不少权贵豪绅为了自己的子弟登上皇榜，送上钱财。刘俨视钱财如粪土，对走关系开后门的做法，更是嗤之以鼻，让公平、清廉和博爱惠及百姓家。

状元故里，每一丛翠竹，每一株青松，每一抹花香，都是一种灵验。“清

刘俨故里宗祠

风无语忠魂传，碧落大音正气歌。”文介公，我想把这副对联送给你。靠人品和学识支撑的状元名声，才会愈久弥香。

离开刘俨墓地，然后去祠堂参观，只是，我觉得游览顺序走反了，先去看祠堂，最后看墓地最为合适。凭着感觉，沿着机耕道左转右拐，我们到了村中。同行的胡姓小伙肯定地说，这就是状元村。顺着他指的方向，我也看到了宗祠前面红石廊柱上的一副对联：支分朗水状元第，派衍东城宗伯家。高耸的朱红色门头上，悬挂着“状元及第”的匾额，四周围着红绸带。门楼的顶部，两只金黄的鳌鱼，“鳌鱼镇脊”，预示着“独占鳌头”之意，中间是“魁星点斗”，一个威风凛凛的蓝面孩童，一手捧墨斗，一手执笔，单足站于鳌头之上。读书人信奉“魁星点斗”，自宋朝就有，祈福读书人高中状元。此时，此刻，此地，这幅祥瑞的画面，最是恰当。

入得祠堂，开门的女子指着一排排红石条柱说，老祖宗的故事，都写在这里呢。我忙细看，廊柱从上至下，均有阴刻的对联：衣冠缉宋室之隆木本水源兴仰止，元魁庆明代之盛承先启后在于斯。雕刻的技艺一流，楹联的内涵一流。

迎面，祠堂正中间是长长的条几下，落满灰尘的条几下面，皇帝御赐状元刘俨的汉白玉双龙碑，肃立着，似乎还在彰显历史交给它的使命，让人不免对远离城市的小村心生敬畏，只是，这么珍贵的文物随地摆放，看着让人心疼。抬头，木梁上，瓦缝间，趴满了黑黑的蝙蝠，厅堂的地面上，落下厚厚的一层蝙蝠粪便。“蝙蝠”寓意“遍福”，这神灵似的尤物，定会给东城村带来好运气。

身边一位叫刘奎春的老者，今年 74 岁，他在东城村做了 14 年的村会计。他说，刘俨有三个儿子，分别叫节公、基公和树公，自己是刘俨第三十三世孙。他一再强调刘俨状元的三个珍贵的物件，都是皇帝御赐的：一个是沉香算盘，一个是玉石砚台，一个就是金线旗。关于玉石砚台，他的两手向外扩大再扩大，向我们一再比划着玉石砚台的成色和重量。他说，祖上代代相传，这个皇帝赐予的玉石砚台，石质细润，坚实，上手很滋润，在上面哈一口气，可以写一千个字。这种说法似乎有点夸张，我心里表示怀疑，但又不想点破。这充分说明，在他后人心中，状元的权威地位，已经深入到他们的心灵和肌肤里。我仿佛看到了刘俨老先生仰观山、俯听泉、慢瞧竹树云石、轻吟诗书的模样。

他又接着说，那面金线旗，只能看到编织的经线，不能看到编织的纬线，闪闪发光，全世界只有三面半这样的金线旗，他的祖上刘俨就得了一面，很是厉害。他向我们叙述所知道的明朝的事情，就像发生在昨天，话里话外，满是敬重。他儿子刘耀彬今年 39 岁，在外面打工刚刚回家，接着话说，在外面拼搏，别人问他是哪里人，他首先说自已来自状元故里，这是一种荣耀，也是一种自豪。目前，誉为“五里三状元”的水南镇也在着手打造中华状元第一镇，其丰富的古色文化，一定会光彩夺目地呈现出来。

刘奎春介绍说，这个刘氏宗祠也是今年刚刚修缮不久，每位男丁出资 3000 元。去年，我们也曾来此寻访过状元故里，状元祠有些简陋和破败。今年再来，整个状元祠焕然一新。“敦孝弟以重人伦，笃宗族以昭雍睦。”刘俨后人心中，这个刘氏宗祠，他们心中的状元祠，了不起。在刘氏宗祠大堂的墙壁上，我打量每一个留存的痕迹。一块青砖上印着“刘缉庆堂祠砖”六个字。我心里暗自猜测，这刘氏祠堂，应该还有一个名字叫缉庆堂吧。

宗祠，是一族人丁的根，族谱，是记载一个以血缘关系为主体的家族世系繁衍的草根文献。我围着刘氏宗祠转了一圈，祠堂后面，带着绒毛的小葫芦躲在叶片里吐露着生机，元宝型的红石窗户上起着青苔，微风蘸着尘世的苍茫呼啸而过。远去的，已经远去；留下的，都是执着的坚守。

坊间流传，刘俨自小就爱读书，母亲节衣缩食，为他请了一位老师，因恩师年岁已高，行动不便，刘俨每天往返十多里山路去老师家求学，风雨无阻，没落下一堂课。“朝为田舍郎，暮登天子堂”是人们世代矢志不渝的奋斗目标。每三年才一个状元，可见其炫目的光彩。行走在东城村，我也在感知着这份荣耀和自豪。

祠堂里，不知什么时候围满了老人和孩子，他们七嘴八舌聊着天，比对着自己是刘俨的第几代子孙。几个小男孩在廊柱前嬉戏着，旁边一驼背的老妇人说，这些伢崽哩都很会读书哩。

其实，在庐陵大地，一直有“簸箕晒谷，也要教崽读书”的淳朴家风。听了此言，文介公，他们都是你的后裔，只希望这些孩子勤奋好学，不辱门风，让状元故里的读书风气愈来愈浓。刘奎春介绍说，刘俨做官和做人得到皇帝的称赞，他去世时，皇帝亲自送出城门，派兵马用船把刘俨的尸首运回到水南。在500多年前，可以想象，千里迢迢的水路，一路颠簸几个月，能生于斯，长于斯，葬于斯，非常的不容易。

刘老先生一再惋惜，说我们来晚了，村里一个叫刘云通的老人，87岁，早在十多天前去世了，他是这个村的文物保护员，关于刘俨状元的事情，老人家知道得更多。刘云通老人的儿子刘开萍今年50岁，他说，父亲几十年都在保护刘俨故里的遗存，现在修建的刘氏宗祠左前方二十米的地方，才是老祠堂恩庆堂的所在，比现在的祠堂大两倍。他还说，原来进士匾、大学士匾，一排排悬挂在祠堂上，只可惜年久失修，老祠堂倒塌了。他一再强调，要是把老祠堂修葺好，那才威武呢。

时光匆匆覆盖着过往，此时，我的目光再一次与老祠堂对视：这个只剩残垣断壁的老房子，已经虚脱至极，漆黑的木梁断裂着，如一根阴冷的刺，插在半空，青青的苔藓把墙缝挤得满满当当。

久远的岁月呼啸而来，墨是江山，心是故人。500多年的风雨，从断壁残垣间，我似乎听出了曾经风流倜傥的沧桑往事。我甚至想象着，那个刚毅不阿的刘状元，铁面无私，正气威严，他能看到我这个满头大汗的执着寻访者吗？

离开村子，顺着稻浪翻滚的微波，我又一次打量状元墓地，“穴本天成，福由心造”。青天云水间，奔波一生，晚年尚能回到自己的家乡，躺在岁月尘埃里的文介公，你是睿智而达观的，也是幸运而圆满的。2018年，是你去世561年，我有幸再一次来此看你，唯有低首，方显敬意。

彭　时

【彭时真君子】

李敏

安福县枫田镇松田村，有座气势恢宏的状元祠，始建于500多年前，曾多次修复，最近一次是2006年，祠中有副对联“兄状元，弟会元，六年间压两京一十三省豪杰；左太师，右少师，二房下开四乡百千万代书香”。尽显荣耀与豪迈。此词所纪念的彭时（1416—1475），字纯道，又字宏道，明正统十三年（1448）戊辰科状元。从六品之职晋升内阁辅政，为科举史上罕见的殊荣。在内阁参政20年，有6年任首辅，去世后赐太师之衔，是明代职务最高，声誉最好的台阁重臣之一。

彭时中状元时，发生了一件有趣的事，险些被摘去状元的桂冠。殿试公布进士名单后，按规定要举行一项重要的仪式，就是由第一甲第一名的状元，代表所有的新科进士到皇宫向皇上谢恩，朝中大臣列席。这本是例行公事，走走过场罢了，可彭时却十分认真地对待。为了不出差错，给皇上留下好的印象，彭时在头天晚上，请在朝中任职的吉安老乡教他如何“谢恩”，礼仪程序怎么进行，一遍又一遍地演练，一个细节一个细节地过关练到半夜才满意。他担心明早赶不到皇宫，便不回寓所，就在值班的朝房晨休息。他心里总想着谢恩的礼仪，久久难以入眠，快到天亮才迷迷糊糊地睡着了。哪料到睡过了头，宫上上朝的大钟敲响了，彭时才醒过来，赶忙穿好衣服，朝宫中跑去。

这时，谢恩仪式已经开始。殿上的司仪官高喊："新科状元彭时上殿谢恩！"无人应答，又叫一遍，仍不见回音。过了好一会儿，彭时才匆匆赶到。礼部官员表示不满，奏请英宗皇帝治罪。英宗对彭时的殿试考卷记忆犹新，其中的几条治国对策很有见地；又见彭时风度翩翩，心中有几分好感。他对礼部官员的奏请没表示什么态度，只是要彭时说明迟到的原因。彭时就将昨晚如何学习礼仪，如何久久难眠的事实，说得有条有理，简洁明了，态度十分诚恳。英宗觉得，这个从未见过大世面的乡野书生，在危难面前，如此沉着，而且陈述得当，有礼有节，忠厚老实，真不愧状元之名。在场的陈循等几位吉安籍大臣赶忙帮彭时说好话，打圆场。英宗也就做个顺水人情，显示天子的大度，不计较此事，下令按朝规举行仪式。

正统十四年，彭时便经历了"土木堡之变"。英宗在宦官王振等奸人的鼓动下，率兵去"亲征"蒙古的瓦剌军。在土木堡，明军大败，英宗被俘。为稳住局势，朝中大臣拥立代宗。

在朝廷急需用人之际，彭时被太子召入内阁辅政，执掌大权。这本是求之不得的好事，可彭时却把孝道看得比权力还重要。彭时幼年丧母，继母余氏视彭时如亲生，将他抚养成人并督其求学。彭时对继母十分孝敬。彭时刚入内阁，闻母病重，便向辞职去侍奉母亲，朝廷不允。过了一年，母亲病逝。彭时坚决辞去职务，回家守孝三年。代宗很不高兴，认为彭时不识抬举。彭时守孝期满回朝廷，代宗只让他任侍读、太常寺少卿等职，不让他回内阁执政。

过了好几年，英宗重新登上皇位。真可谓世事无常。昔日拥立代宗的大臣，如于谦、王文登被处死，陈循等被发配流放。幸好彭时因守孝回乡几年，回朝廷后又遭代宗冷遇，没参与朝政。英宗复辟后，清除了旧党，需要人才补充，彭时自然会被看中用。一日召见彭时，同他开玩笑说："你还记得'谢恩'时迟到的事吗？现要你再回内阁，掌管机要事务，可不能再迟到了。”彭时说：“陛下恩宠微臣，岂敢懈怠大意。”彭时为官数十年，勤于国事，顾全大局，以忠诚正派饮誉朝野。河南邓县人李贤，与彭时一同在内阁辅政。英宗重用李贤，彭时一点也不嫉妒，两人相处友善。可在对待国家大事的问题上，彭时常常从维护全局利益的角度出发，与李贤争得脸红脖子粗。开始，李贤认为彭时是有意为难他。可相处日久，觉得彭时并非是对自己有意见，真的是为国家着想，不得不钦佩他的耿直和忠心。后来，一个叫门达的锦衣卫求李贤办一件私事，李贤回绝了。门达便仗着英宗的宠幸，捏造罪名诬陷李贤。英宗听信谗言，打算免去李贤的相位，逐出内阁。彭时闻讯，赶紧对英宗说：“李贤有经国济世之才，不能以凭空捏造的罪名而罢免他。如皇上容不得他在内阁，请把我的职务也免掉算了。”彭时还劝谏英宗要远小人，近贤才。英宗听从彭时的意见，不再对李贤有成见了。李贤听说此事后，感叹道：“彭公真君子也！”

英宗喜爱彭时的学识风度，选拔翰林院庶吉士时，要内阁首辅李贤“尽用北人，南人必若（彭）时者，方可”。李贤转告彭时，彭时认为南方士人学问品德在自己之上的不少，不可以此抑止南人。在彭时坚持下，被选上的 15 名庶吉士中，有 6 名是南方人。

彭时才智过人，多谋善断，在一次军事行动中得到充分的显示。成化四年，甘肃少数民族首领满俊闹事，都御史项忠讨伐不利，朝廷命抚宁侯朱永率领京军出征，朱永迟迟不启程，夸大对方力量，向朝廷提出过分的要求。恰好这时项忠报告，说已将满俊包围在石城。朝会时，彭时认为：如叛军四出攻击，我军则不易取胜，今已退守，又被包围，就不难制胜了。兵部尚书白圭、程信却说：如果项忠撤退，怎么办？彭时回答：既然已经围城，项忠就没有理由撤退。彭时反问：如果京军出动，几时可到甘肃前线？程信说：要到来春。彭时表示：今冬即应解决战事，岂能等到来春。程信不冷静，大发脾气，竟危言耸听，说：“如果项忠兵败，必斩一二人，然后出师”。众人畏惧，请彭时拿主意。彭时仍然认定，京军不必出动，项忠可以取胜。如他听说由京军来讨伐，必然退避，战争的胜败就不可知了。待到冬天，满俊果然被项忠所擒，战争取得了胜利。大臣们这才敬佩彭时的智慧和判断。

宪宗时，朝廷纲纪不振，米佛溺道之风日盛，官绅强取豪夺。彭时深为国家的安危担忧。他上疏直言弊政，劝宪宗不要迷恋于佛事，并对整顿朝廷政务秩序、广开言路、清理牧马草地、减退庄田等七件当务之急，提出建议，言辞恳切,内容切实可行。尤为彭时感到不安的是宪宗朱见深不恋皇后和其他嫔妃，专迷比他大 17 岁的宫婢万氏，时人称之为“伏妖”。万氏恃宠无恐，诱宪亲废皇后，封她为贵妃。宪宗不务朝政，召方士授房中之术，沉迷于声色之中。彭时见此忧心忡忡，更可惧的皇上无子，朝中不稳。他冒着身败名裂的危险，上疏请皇上“均恩爱，远伏妃，此为天下计者。”《明史》对彭时的评价是:“立朝三十年，孜孜奉国，持正存大体，燕居无惰容，无声乐之奉，非其义不取，有古大臣风。”

彭时不仅是当时很有名气的书法家，在史学家王世贞等编的《国朝名贤遗墨》中有其书法作品；还是一位小说家，著有笔记小说《彭文宪公笔记》，存目于《四库全书》子部小说家类。这些小说主要描述其亲身经历之事，有真人真事，也有虚构加工，对了解当时的宫廷生活和补充正史之不足，具有一定价值。

今安福人自豪的是,彭时的堂弟彭华,在彭时中状元 6 年后,参加全国会试,为第一名,称“会元”,官至礼部尚书,加太子少保,还曾入内阁辅政。兄为状元，弟为会元，同为宰辅 ，共处朝廷机务，世所罕见。更可喜的是，彭时的小弟弟彭礼，18 年后，又考取进士，官至工部侍郎（工部副职）。

【中溪状元祠游记】

谢爱军

中溪彭氏宗祠——状元祠，位于安福县笔架山脚下的枫田镇松田村，我去时正是春光明媚，油菜花开灿烂时节。此祠堂乃因状元彭时及其弟会元彭华而得名。

彭时是明英宗正统十三年（1448）戊辰科状元，授翰林院修撰，累官至少保。历明英宗、明代宗、明宪宗三朝。他一生勤奋、清廉、忠于职守、忘我奉献，同时又是一名孝子，著有《可斋杂记》《彭文宪集》等，死后赐太师、谥文宪。说实在的对于他我了解不是很多，只是从网上及人们的口中知晓个大概。慕名而来，不是因为中溪彭氏宗祠，而是状元彭时。

车就在状元祠门前停下。哇，好气派的祠堂。坐东朝西，考究的建筑，精湛的工艺。门框、门墩、门槛分别由整块青石构成，外墙均用青砖水磨砌成，严丝合缝，平整光滑。牌坊式门楼，三扇大门分左中右并列而成。“相府”二字镌刻在牌坊方池内，门楣横书“中溪彭氏宗祠”，层内还画有戏剧场子及花卉图案。状元门在左，会元门为右，坊内有两尊文臣石雕像，据说是彭时与彭华两兄弟。宝葫芦，鳌鱼镇脊，坊间的彩绘人物，花鸟鱼虫，无不精美。坊柱上有对联三副，一联为：松柏仍故，房舍依然，从兹堂构聿新，春露秋霜隆祭祀；田陇缀春，峰峦耸翠，伫看人文蔚起，螽斯麟趾振家声。二联为：中天焕碧桃，景仰丞相祠堂勿忘祖训；溪水印绿桃，要知状元门第仍是汉家。三联为：赫赫元魁第，堂堂宰相府。整栋祠堂建筑结构，体现了南方祠堂与府邸格局相结合的风格。

望坊上文与图，忆古观今。坊前风水两池塘依然水声潺潺，鸭鹅嬉闹，捣衣妇女捣椎声依旧，只是今人非昔人。曾经敢与皇臣力争的捣衣女已经走了，只有传说还在人们的口中相传。远处白马与石屋两峰，高耸云端的峰在今天的雷管轰炸声中失去了它们欲与天公似比高的态势。老人们曾经给我讲述的白马与石屋两峰的传说故事，又在我的脑际中萦绕。然而我不知，在支援建设中的两峰渐渐在视野中消逝时，它们的故事还能传多久。

临近村庄的南方水泥厂隆隆的声音打破了这个村庄的宁静，废气灰尘污染着这个昔日辉煌的村庄。祠堂背后滔滔的泸水河，河名依旧，河水鉴于经济发展的需要被一截又一截地拦断，建起堤坝，兴起了水电站。经济腾飞的时候，人们似乎又想起了那些被灰尘遮掩了很久的文化古韵。嘉陵桥、凤林桥、寅陂桥都在泸水河上架起，古祠堂、古寺庙等又开始修缮，并已成为各地旅游观光的风景。只是我总感觉今日所重新建立的只是一种模式，而韵味已然消散。框架的模式修缮好了，但秉承与坚持前人的精华思想，今人或是后人又能走多远呢？今日的状元祠，前些年在彭氏后裔及当地的政府支持下已让它恢复了当初的模样。但如何让状元——彭时的秉性及思想也充盈村庄，氤氲后人，这该是我们要注重的呢。社会在进步，生活在改善，在不断追求经济效益的时候，我们该要站在前人的基础上，去其糟粕，取其精华，从善扬善，将前人留存下的文风，道德思想传承。

山水可以破，但风水不能破。今日我慕名而来，就是想要沾沾着地方的风水，想要让古名人的灵气来浸染一下自己的灵魂。但眼前的情景，与我先前在头脑中所构建的那种场景是相差甚远，我没能从这规模宏伟的祠堂外观中领悟出昔日状元的风韵。

突然间，我的胸口有点剧痛。或许是风水已破，那些由山水所凝成的灵气也散了。风水是由山水而自然成，灵气是长时间的酿造，长时间吸去天地之精气而成，非一日之功。自然，灵气的散失也并非烟雾，风吹就散。生命所形成的一种秉性，或是精气神，是在长时间的生活实践中锤炼所得。得之不易，失之也不易。状元彭时所散射出了文气与灵气我不信就这样散了。或许状元祠堂真正意蕴不在外观，而是内在。真美不是外表，而是生命所含有的内涵。

我走进了祠堂内。内分三进三厅，廊院设在前厅，大殿在中厅，祖堂设

彭时故里状元祠

在后厅。堂内明亮宽敞，庄重而又和谐，前中后厅及两厢吊楼错落有秩、转承沟通。门扇、窗格一律镂空雕花，均是福禄寿喜、万事如意等民间常见吉祥图案，做工雅致精巧。立柱、房梁木料据当地的老村民说，都是本地产的陈山红心杉，材质坚韧。这从木柱、房梁难觅虫蛀、腐朽之痕，椽木光洁如新可以证明。后进是春秋祭祀用的享堂，堂内有八根主柱，悬“惇叙堂”堂匾，义为家人亲友惇厚和顺，相聚叙情。后进的天井中有一个石刻的景象，石赑屃驮载的石碑，书“孝弟和睦”四个大字，相传是皇帝的御笔。处于这样一个场景，我的心灵才有被浸染之感。及至我看到隔板上所雕刻的忠义仁孝，礼义廉耻等图案，更有一种受教之感。原来生命的成长是需要环境，一方山水养一方人。

正当我沉浸于古思想的氤氲里，祠堂内走进来几位老人。问之，原来他们都是彭氏的后人。其间有一个老人，说起他们祖先彭时更是滔滔不绝，听完老人的介绍，我便去了祠堂。

祠堂外一群小孩在追闹，他们的目光里充满着灵动。透过目光，我感觉彭氏祖先的灵气已经依附在这一代人的身上，我的文字也似乎有了些灵气了。

状元祠静穆地立在村落中，寄存着岁月、生命、血脉流传的故事，也寄存着我的遐思。

彭　教

【才高命薄的彭教】

彭庭松

只要你是吉水县人，都会听说过“五里三状元”的佳话。这三状元一说是刘俨、彭教、罗伦三人。不过这罗伦是永丰县人，家离吉水水南镇很近。另一说是将罗伦换成了王艮，这王艮虽说是距水南二十里的邱陂带元村人。但王艮不是状元而是榜眼。不过这王艮在殿试当中是第一名，按道理就应当是状元，乡里人为之鸣不平，也一直将它当作状元公来看待。只是因为太过矮矬，颜值太低，皇上实在看不下去，心痛，认为有伤国仪国体。于是将本是榜眼的胡广提到状元位置，这胡广也是吉水人，家属于今天玉镇。胡广长得可是器宇轩昂，仪表堂堂。同是吉水这方水土，养的人咋相差那么大呢，我估计王艮一定是抹着眼泪在这么想。顺带插一句，这榜的第三名探花，也是吉水人，一个县包揽前三名，说巧合还是另有隐情？这个可以作个博士论文。

“五里三状元”人物两说以后一说为最流行，也最符合事实。彭教是今天水南镇泷头村人，刘俨是今水南镇夏朗村人，与王艮村庄相差都不太远，显然是适度使用了夸张手法。

这里主要说说彭教，首先说他，是因为他是我本家，可书上说他说得少。彭教,字敷五,号东泷。这名和字古人都有意义关联的,敷五取自《后汉书》“敷扬五教，翼赞日月”。如此，彭教的名与字来历就明显了。至于号，是因为家门前有泷江。这条江很有文风灵韵，一路往上走就是罗伦和欧阳修的家乡呢。

这彭教和罗伦是表兄弟，两人前后相差一届中状元，这在科举史上绝对是美谈。两人小时候还曾一起在泷头同窗苦读，都是文昌书院的高材生。学习之余，他们也到不远处的风景名胜龙王庙游玩。彭教确实是学霸，在乡试考试中是第一，这叫中了解元。次年在会试中考了第二，差点中会元。最后在殿试中中了状元。中状元时 27 岁，比整个明代状元的平均年龄小 4 岁，天分之高可以想见。你看，如果不是会试差那么点点，我本家可是连中三元啊。历史上连中三元的总数没有超过 20 个。

彭教父亲去世，在家乡守灵。这晚上周边房子全部着火烧光，唯独绕过了这灵柩停放的屋子。大家将这看成是孝感天地的一个例子。彭教赶考那年，书童要将金钗换钱。彭赶紧追问金钗的来历，书童说，一周前住旅馆，楼上一位美眉倒水下来，将这金钗一起泼下。美眉一句道歉话也没有，所以我就拾金并昧了。彭教说，哎呀，这真不好。金钗是女同胞私人之物，丢掉了会以为是赠给哪位心上人了，到时候绯闻一出，人家跳进天河都洗不清。我们得赶紧返回去，还给人家。书童说，那不行！赶考来不及了。彭教说，考试可以再说，人命关天啊。于是不由分说，赶回原来的旅馆，发现美眉正号啕绝望，连上吊的绳都准备好了。彭教的一个决定，胜造七级浮屠啊。

也是天怜好心人，这年火烧考场。惨啊，烧死将近一百人，连监考老师五六人也因公殉职。彭教幸免于难，罗伦死里逃生，心有余悸，没有参加补考。正是在之后的补考中,彭教一举高中状元。好心好报,因果不爽,绝对是正能量。这故事还有一版本，情节几乎相同，不过主人翁换成了一个姓焦的，后来还有一句俗语“不得场屋烧，哪得状元焦”。今天撞衫的事件老发生，过去还撞故事呢，难怪有人批评我们说创新能力差。

按照惯例，状元即授翰林院修撰。彭教最终官至侍讲学士。没有外任，也没有担任过实质性的官职，官阶上升也好慢，还不如普通进士。这是为什么？身体是革命的本钱啊。李东阳与他同一榜，后来成为鼎鼎大名的文学家，茶陵诗派的创始人。他曾经写过一首诗给彭教，现录于下：

题敷五菊屏

先生深卧菊花丛，曲几围屏杳窕通。

本为红尘辞俗眼，岂因多病怯秋风。

交情尽付炎凉外，身计聊凭吏隐中。

相过不嫌憔悴质，只应风味与君同。

这首诗清楚表明，彭教看起来很憔悴，而且大部分时间都在“多病怯秋风”，不得不大部分时间“吏隐”，即长期请病假。果然，彭教43岁就辞谢人间。想想原是彭祖之后，本应多寿，唏嘘之情真是油然而生啊。彭教热爱家乡，曾作《吉水忠节祠记》。现留有著作集《泷江集》《东泷遗稿》四卷。清代吉水知县吕炯曾为乡贤立状元坊，彭教坊在“文江门外，又在四十六都”，估计今都不存。

【在泷头的沉思中停顿】

张昱煜

一个人的记忆深处，总会想着探寻一个地方，那个地方，绵柔而坚毅，古朴而厚重。早在十几年前，我就有过想去“五里三状元”故里探寻的念头。三年前，我有幸去吉安博物馆参观，读到明建文二年（1400），一甲前三名都是庐陵人，自豪感倍增。

两年前，一位老师说想撰写一本《庐陵状元》的书籍，问我想不想参与其中，我满口答应。“庐陵自古多俊杰，文章风物照江天。”这一方水土，了不得。2017年七月，酷暑难耐，我和几位文友从螺滩水库坐小木舟，寻访彭教状元故里吉水县水南镇泷头村，回来途中，我在微信上敲打了几句话：竹雨松风荷韵，茶烟樟月书声。舟车劳顿寻古，庐陵状元隐名。

坐船去泷头村，船行碧波之上，想到马上双脚就能触及状元故里，心头很是兴奋。同来的曾思政校长说，民间有些人说“五里三状元”是刘俨、彭教和罗伦，其实不然，而应该是刘俨、彭教和王艮（据传殿试第一，因貌丑屈居榜眼）。他们三位的出生地吉水县文昌乡，就是今天的水南镇。水南镇位于吉水县东南部，距县城38公里，离吉安市60余公里，清澈的泷江横穿圩镇，是远近闻名的“状元故里”、公略县旧址、腐竹之乡、边贸重镇。前段时间，中国非物质文化遗传保护联盟专家顾问胡介报等北京专家调研团来水南镇进行考察调研，对镇里的山水、人文给予了高度评价。

彭教的表弟罗伦是永丰人，明宣德六年（1431）出生，于成化二年（1466）高中状元。相传，他和彭教都在泷江文昌书院读书，表兄弟二人，一前一后连续高中状元，这在中国科举史上，也是绝无仅有的特例。罗伦在泷江文昌书院就读，依照今天的说法，算是“借读生”。我觉得，一种合理的解释，应该是泷江文昌书院的名气非常之大，要不然，罗伦也不会舍近求远。文昌书院何时建造，何人建造，不得而知。据清道光版《吉水县志》记载，宋代文昌书院就闻名遐迩。大学士、状元刘俨和礼部右侍郎钱习礼，都在此饱读经书。

满目青山隐隐，我努力寻找着文昌书院的遗址，也在努力寻找昔日状元那不同凡响的气息。曾校长指着泷江北岸的一片葱郁的大山说，那是萧山，状元彭教读书的文昌书院就建在半山腰。背靠厚厚的大山，面临柔柔的碧水，这书院选址的确高明。一朝一暮一秋长，一卷一书一墨香，一寂一寞一思量，一隅一谧一时光。可以想象得出，自状元在此读书后，一定会有越来越多的学子，携带着“万般皆下品，唯有读书高”的使命而来。只可惜书院早已不复存在了。

文友喻彬就是吉水县人，他在《泷江文昌书院行吟》一文中提到，这间中国最底层的乡间书院，曾创造过“五里三状元”“兄弟两进士”“十八翰林学士共赏荷”的科举盛况。这里，一个籍籍无名的乡野书院，应该是缔造了中国千年科举史的奇迹！

文中，喻彬写到，刚参加工作时，在水南中学教书，曾去找寻过书院的旧址，那些深埋在泥土里的残砖碎瓦，依稀还在讲述曾经风流过的沧桑往事。

我把坐落在萧山半山腰的书院，郑重地放在心间，它的传奇和辉煌，它的人文和情怀，值得有心人去研究。如若在重视文化建设的今天，让“文昌书院”再一次“文昌”，该是书院的一大幸事。这，如若能成为水南镇打造“状元文化”的一个重要抓手和点睛之笔，应该是不错的想法。

树影、木船、山色、流云、野花、竹林……黄蜂引路，蝴蝶伴行，弃舟步行约五六里，终见一小村。同行的罗君说，状元彭教的村子，应该就是这里。果然，我们猜测的没错，寻问一戴草帽的老者，他说这儿就是彭教故里泷头村。

旁边一位抱着孩子的大姐连忙迎上我们，她叫夏侯水招，1962 年出生。听说我们的来意，她说，她爱人彭信林就是彭教状元的后人，从开基祖算起，彭教是 18 世，彭信林是 34 世，在泷头村，彭姓只有她家一户了。她有一女二子，长子大学毕业在吉安县华忆教育集团从事教学工作。目前，她在家带孙子孙女，她两岁多的孙子是第 36 世，小家伙穿着棉布小肚兜，拿着自家地里产的西瓜，笑嘻嘻递到我们手中，为这次空灵而静寂的寻访状元之旅，留下了满满的温情。“泷头村彭姓的只有我家一户了”，她漫不经心地轻声一说，我心头一紧，仅存的这一户，那彭氏延续下去的责任就大了。

彭教，字敷五，号东泷，生于明英宗正统三年（1438），明英宗天顺八年（1464）甲申科状元，卒于明宪宗成化十六年（1480）。同来的曾校长一再惋惜，说彭状元走得太早了，算一算，状元42岁就英年早逝，确实令人惋惜。

据说，彭教出生时，他的父亲彭汝弼正在安徽祁门任职，县令颜大人与彭父因年龄相仿，性情相投，成了推心置腹的好友。彭教出生的夜晚，县大人颜公做了一个奇怪的梦，梦见一轮红日跃出东方，光芒四射，瞬间，这轮红日坠落于县学之内。第二天一早，颜县令告诉其妻，他妻子与彭教的母亲也是亲如姐妹，昨晚还陪着彭教的母亲一起期待新生命的出生。听了丈夫那奇怪的梦，心想，一定是彭夫人家添丁了。果不其然，当日上午，彭妻就产下一个白白胖胖的大小子。颜县令夫妻料定，这小子日后必成大器。

虽说大多数状元的出生，都有点神话传说，但从另一个方面也诠释了人们对知识的敬仰和人品的推崇。那些通过层层考试造就出来的“鼎甲”人物，是那个时代的佼佼者。纵观千年文化史，状元所起的作用虽说十分有限的，但状元毕竟是状元，非等闲之辈，其文采夺目，妙笔生花，在民众的心里，有着极高的声望，认为他们是天下做大学问的第一人。一直以来，我也是这么认为的！也一直敬仰那些笔扫千军的超凡人物。

好不容易找到状元故里，我舍不得放过眼睛触及的任何一个细节。问及彭氏宗祠，大姐答曰，早多少年前就倒了，她家势单力薄，也没有修复的能力。还好族谱还在，因彭信林去田地里劳作，我们只好耐心等待。我再次打量这幢凸显庐陵建筑风格的明代老屋。红石门框、雕花的木格高窗、砌砖形式是“两眠一斗”、漆黑的木格栅上有隐隐的雕花、“退廊让柱”的厅堂格局。感觉它们和彭教状元有气息上的关联。

随后，我围绕着这座老房子的四周寻找，找到了六块刻有“泷江彭氏贞斋记”的青砖，从青砖的制式看，是明代的砖，现在镶嵌在老屋的外墙和厨房。我寻思着，这些满是青苔的老砖块，如一个个联通明朝的密码，也许是老房子或祠堂倒塌下来，后人捡拾砌于墙体，它们是延续彭氏气息的一个物态载体呢！那一刻，我特别相信文字的力量。

彭教后人彭和平，家谱上的名字叫彭信林，他背着喷雾器从地里回来，我连忙跟着他，再一次走进老屋。这一次，我有机会瞧见老屋的门槛石侧面，雕有花纹，门槛石上面，是凹凸不平的豁口，让人看到了匆匆的岁月，无情的时光。

彭信林抱出了一本《泷江富溪彭氏重修族谱》，我们聚拢来，梳理着彭氏繁衍生息的枝枝蔓蔓，找彭教的父母妻儿在族谱上的位置。彭教的父亲彭汝弼为人刚正不阿，仕途寂寥，一生热衷于学教，先后在广东和安徽任训导和教谕。“教谕”，是明代县级主管教育的官员，主要职责是对本地区的秀才进行考核和奖惩，相当于现在的县教育局局长，虽然是官员，但其品级为未入流，属于最低级的官员。虽说彭汝弼一生仕途不得志，但是培养了一个响当当的状元儿子，也是人生的大赢家。

族谱上，彭教五兄弟的名字很是有特点 ：老大为主一，老二叫用二，老三唤贵三，老四喊崇四，彭教是最小的，属老五，叫作敷五。族谱上载，彭教唯一的儿子 14 岁就夭折了，来不及成亲添丁，他这一支没有正宗嫡传的后人。彭信林是彭教的二哥用二这一支传下来的。也感谢上天之德，风雨 500 多年，这微弱的香火一直还在延续着，延续着。虽说彭教的父亲官职不高，但也相当于今天拿着固定薪水的公务员，带着家眷走南闯北，彭教也算是见过世面的人。应该说，衣食无忧的生活，让彭教有足够的时间读书，有足够的花销一路考取功名。

据说，彭教自小就聪颖出众，还不会开口说话时，他父亲和兄长指着斋堂的匾额让他辨认，今日教，明日考，他能正确作答。四五岁时，父亲叫他写字，笔画丝毫不错，读书口占韵语成章，是出名的小神童。

一方水土一方人，在状元故里，我一再打听关于彭教的轶事。彭信林眼神

彭教故里老屋

灼灼，给我讲“彭教还金钗”的故事（见前文）。

光阴荏苒，远去的日子，一天天被推到身后，离我们越来越远。我试图更多地找寻彭教状元的遗存，譬如说，他的画像，应该是玉树临风，沉着内敛的。再譬如，他留下的诗词《别友》《枯竹复生》《怀友》《题扇寄友》《题诸葛武侯像》等，想看看笔墨留下的心魄。只可惜，我们除了看到一栋老屋和几块带字的青砖外，没有看到更多有价值的物什。还好，这座老屋，这本族谱，彭信林一家默默地坚守着，已经非常幸运。

我在想，如果状元公们能像一棵苍劲的古樟、一条清冽的小河、一抔黝黑的泥土、一丘起伏的小山一样，等着我们，该有多好。

德足以怀远，信足以一异，见利而不苟得，以人之杰也。

合上厚厚的彭氏族谱，彭信林准备把族谱放回老屋的隐秘一角。他走到老屋前，我连忙拍了一张他和老屋的合影，我想在镜头里多留下一点点彭氏家族的记忆。

我询问对吉水文化多有研究的杨巴金老师，想向他打听状元彭教的墓地。杨老师说，据光绪《吉水县志·墓茔》卷64载：“侍讲彭教墓，在文昌乡泷冈。”文昌乡，即是今天的水南镇，泷，指的是泷江，流经泷头村，冈，指的是山岭，由此可推断，其墓地应在他家乡附近的某一座小山岭上。

走出老屋，撑着遮阳伞，我一个人静静地环视着四周。此刻，泷头不语，远处隐隐的小山包，近处葱郁的大铁树，掺着稻花香的暖风，旁若无人地穿行而过。今夕何夕，彭教状元，你在哪里安眠呢？

那真实的草木，那湿润的泥土，还有那个孤寂了500多年的墓地，都在哪座山里呢？你们还在典藏和守护一个状元的性情和荣光吗？

淙淙而流的泷江水，沧桑了容颜，过滤着记忆。我那寻访的目光，再一次凝视这个山青水碧的小村，只想让状元的气韵在故乡的山中隐秘，不想让其走远。

罗　伦

【心清才卓的罗伦】

顾宝林

明代吉安府永丰县这块钟灵毓秀之地，“其民多秀而能文”，科举簪缨之事，不时迸发。永乐二年（1404）曾棨中举状元的宏伟事迹还在县邑的各个角落被当成励志的事迹传播荡漾，六十一甲子后，附近瑶田罗家又爆出大新闻：时年35岁的罗伦高居成化二年（1466）丙辰科榜魁。

罗伦（1431—1478），明代理学家、状元。字应魁，一字彝正，号一峰。永丰县瑶田水心村人。罗伦家贫好学成化二年进士第一，授翰林院修撰，后因抗疏论李贤起复落职，谪泉州市舶司提举，次年复官改南京。两年后，以疾辞归，隐于永丰金牛山，钻研经学，开门教授，从学者甚众。罗伦学术上笃守宋儒为学之途径，重修身持己，尤以经学为务。为文有刚毅之气，诗作磊落不凡，著有《一峰集》等。《明史》有传，清同治《永丰县志》卷二十二《理学》有传。

一

罗伦的父亲罗修大，号大山，一生没有仕进，只是穷秀才一个，但为人处世耿介忠信，口碑较好。罗母李氏，端庄贤淑，吃苦耐劳，将一个清贫之家收拾得紧紧有条。

明宣宗辛亥（1431）正月十一日，有孕在身的李氏终于瓜熟蒂落——罗伦出生了。先夜据说有附近村民看到天上有流星闪耀划过瑶田湖西的上空，第二天罗伦一出生，村民们开始传扬这一不寻常的迹象，纷纷议论说罗伦准是个天上的文曲星下凡，前程不可限量。当然，中国的古人就喜欢赶个时髦，大凡禀赋异常或者后来登大位的人物降生，立传者总喜欢附会一些祥瑞的兆头去迎合。传说归传说，基本上都是瞎编的，不靠谱。不过人都说吉人自有天相，然而新生的罗伦除了一双眼睛黑白分明，仿佛闪动着智慧的光芒，其他表现并无超群的地方，甚至有些“笨”。出生三个月，罗家依照风俗要搞个百日试周，小罗伦其他物什一抓便丢，最后唯独紧攥一本破书不放，于是各位亲友更加相信这孩子八成是天上的文曲星转世的，老罗家要开文运了。然而接下来的日子，罗大山并没有感觉到有什么特别欣慰的地方，长到一两岁，别人的孩子早就知道开口叫爷娘了，可这小罗伦还不会说话，这哪像文曲星下凡的样子呢！至少罗伦在五岁之前，一副傻乎乎的样子，与同龄的孩子相比丝毫看不出有特异的地方，甚至还有点呆。

据说罗伦发蒙求学后，有一次他的父亲罗大秀才要和他玩答对的游戏，顺便测试这孩子的启蒙知识和临场反应能力。结果小罗伦表现得相当糊涂，连父亲的提问都没听清楚明白而胡乱作答，令罗秀才非常失望。比如罗秀才上竖手指指着天问，“天”对什么呢？依偎在母亲身边的罗伦反应迟缓，干眨眼，半天不作声。一旁的罗母李氏赶快用手指地，原本暗示罗伦答对“地”。哪里知道罗母所指的地方恰巧有一堆鸡粪，于是罗伦以“鸡屎”回答。罗秀才见此摇了摇头，暂将火气压下心头。而后又指着自己说，“父”对什么呢？罗母以为这下不难了吧，岂料罗伦抬头看着他妈还是答不出来，于是李氏心中不悦，只好再次指导。她不断移动着手指指着自己，希望能够启发罗伦说“父”对“母”，哪里知道她这个动作让罗伦误会了。罗伦看着母亲指着胸部，便脱口而出“母乳”。罗秀才见儿子这帮光景，真是气坏了，随手甩了罗伦个耳光，骂了声“真是孺子不可教也”，便在儿子哇哇大哭的声音中走了。还是罗母慈和，不断地安慰罗伦，同时也不断地鼓励罗伦课读要多用心，要上进等等。一边的小罗伦只能噙着泪水不断地点头称是。

当然，这个父子答对的故事不一定真实，只是流传在民间的一个关于罗伦的故事而已。不过罗伦的少不更事让他的父亲罗秀才一度失望而不管却是事实。光阴荏苒，时光似箭，一晃罗伦已经五岁了，渐渐长大的他开始变得明事理懂礼仪。有一次跟着一群人去李园收取果实，一大群人不分大小和顺序，一看到李子便纷纷争抢起来，不少李子滚落在地任由践踏，当其他人自顾自地

永丰县状元楼

纷抢着吃时，待在一边的小罗伦却怔怔地看着这个蜂拥而至的乱象默不作声。良久，一个年纪稍大的隔壁大伯才发现晾在一边的罗伦，赶忙抓了一把塞给他，才不至于空手而归。罗伦渐渐地懂事了，或许昔日父亲留下的耳光让他印象深刻而幡然有所醒悟，读书课业尤为勤奋，常常受到邻居的赞扬和附近读书郎的羡慕。罗伦的祖父善耕先生见孙子逐渐有成器的兆头，决定趁自己这一把老骨头还硬朗，代替罗秀才负责督导孙子的学业。他改变原先罗秀才疏离放任的态度，开始心平气和地、有耐心地进行管教和引导。

明英宗正统三年（1438），罗伦已经七岁。他的这种好学深思的禀赋到这个时候才开始渐渐溢发，四周的邻居时常听到或见到祖父善耕先生在庭前训导罗伦的情形。在祖父的严厉督导之下，罗伦课业突飞猛进，不到一个月，旧时通用的童蒙训《三字经》《百家姓》《千字文》《声韵启蒙》之类蒙书都已经背得滚瓜烂熟，牢记于心。随着岁月的流逝和罗伦的成长，他的求知欲望也日益强烈。而祖父善耕先生也渐渐地觉得自己年老体衰而学问有限，为了不耽误这个孙子，最后决定送罗伦到同里的私塾先生那里去，接受更加系统的教育和举业培训。由于缺乏教科书，私塾先生只是用口头讲读的方式教导大家，不少童子非常不习惯，甚至造成接受障碍。不过可喜的是，罗伦由于近年家庭教育的夯实，加上本人听记能力和悟性的提高，往往是其他孩子连句读都没弄清楚，而他已经背得顺溜，因此常常获得私塾先生的夸奖和全班同学的赞扬。罗伦不仅课堂专心用功，即使放学回家，同样刻苦好学。罗伦非常好读书，他对书本的眷念已经到了痴迷的程度，书就是他的玩伴，也是他精神理想的策源地。据说每当小伙伴们上山砍柴或者放牛，罗伦都要携带诗书一本，以便在闲暇间隙随手翻阅。有一次因为沉迷书中，结果自己的牛将邻家的菜地吃了一大块，被人告上门来，惹得罗母又气又笑。

正统十年（1445），14 岁的罗伦不仅学问长了不少，且已经颇有大小伙子的模样了。为了给家庭补充经济来源，年少的他不得不设帐授徒教学乡里。尽管年纪尚小，但声名在外，一进入学堂便神情庄重严毅，颇有年少老成的师道风范。那个时候，举业正盛，无论家庭贫富，对于送来从学的子弟，罗伦一概收下，再依对方家庭生活水品高低收纳钱谷若干。不过罗伦与那些弟子家长送子求学的动机和想法并不完全一致，他较为反感一心读书只为科举的纯功利目的。他经常教育弟子，甚至和不少家长说："学岂科第而已哉"（明贺士谘《医闾集》卷四），意思就是求学问、研人生并非举业一条路不可，人生天地间，有意义的事情很多，科举仕途经济只不过其中一道而已。青少年的罗伦似乎对传统无数读书人梦寐以求的学而优则仕的科举道路，抱有排斥蔑视心理。他甚至一度放弃这条炙手可热的人生进取方向，而专注自己真正感兴趣的学问。毫无疑问，他的这一异常举动遭到父亲罗秀才等全家人的强烈反对。没办法，罗伦只好屈服于家庭的压力，一面继续用功举业道路，一面也注重思考其他社会思想问题。罗伦教学乡里大概过了两三年光景，在家庭的说服之下，一心用于举业道路，因而退出了私塾的生涯，刚巧碰上郡庠招生，于是请求增补为州学弟子，正式踏上求儒家圣贤和举业功名之道。求学期间的罗伦保持了一贯严谨不拘的作风，一心只在圣贤之学。或许认识的变迁，或许深受周边学子孜孜以求举业的影响，已入县学的罗伦思想观念产生了变化，对于科举不再抱否定态度，而是能从中认识到其中的益处。比如他曾经多次对他人说："举业岂能坏人，人自坏之耳。"（《医闾集》卷四）罗伦的这种观点是有感而发的。原来随着明代科举考试的发展，到了正统年间后，科举考试成了程式，所考内容限定于程朱理学经义范围内，举子们以习时文和锻炼应试技巧为上，真正潜心儒学学术经典著作的人极少极少。这个时候举业不是真正选拔有用人才，而是成为中举做官走向仕途富贵的津梁；场屋之文大都空疏不切实际，思想贫乏，毫无创新性。在这种背景下，有的人大肆批评科举，认为举业毫无作用，只不过成为毒害人心败坏道德的工具。如比罗伦小 20 余岁的祝枝山（1460—1526）指出："一坏于对策，又坏于科举，终大坏于近时之科举"。（《怀星堂集》卷十二）显然，罗伦不认为社会风气、人心道德之堕落是科举本身带来的，而应该是人自身变坏的结果。从这些言论，可以看出逐渐长大成人的罗伦抛弃了年少时对于科举的偏见，转而变得理性甚至辩证看待科举对社会的影响。不过罗伦的这番表态也给他带来麻烦，一些昔日的同党以此认为罗伦属于道学家，就好像南宋的道学家一样，只管心性道德不管社会实践而遭受批判。罗伦不同流俗的识见让他在当时的士子当中声誉鹊起，新上任的吉安知府张公瑄（景泰四年，1453 癸酉升任）听说后，非常推重罗伦的才学与品行，而对于罗伦清贫的家庭状况又感到惋惜，多次希望以州府的名义出资接济，但是贫而不坠志的罗伦总是一口回绝。罗伦父母家庭人口不多，加上为人温婉谦逊，地方上的一些不怀好意的豪强有时也故意惹事欺负他家。但罗伦总是不与之计较，他认为不值得与小人地痞理论，俗话说“秀才遇见兵，有理说不清”，既然如此争执毫无意义。

景泰四年（1453），辛苦一生的罗母李氏不幸辞世，罗伦非常悲恸，按旧时规矩，须居家丁忧。罗伦守丧期间，严格遵守丁忧制度，不仅不参加一切带有娱乐性的活动，而且饮食上也遵循必须食素的习性，不得沾半点荤食。如此坚持两年多直到过了大祥才开始食用咸酸之物。罗伦有感于母恩，守制特别严格。他曾经说，母亲养育我不知吃了多少苦，不知受了多少难。现在我长大了，她却离我而去，真是痛苦的一件事！我没有什么可以报答母亲的，但我发誓愿意一生一世做一个孝子，或许这样才能对得起母亲的在天之灵。(《医闾集》卷四）

景泰七年丙子（1456）秋，罗伦参加江西省乡试，以优异成绩排名前列，声名在外。此后由于家庭陷入贫困状态，罗伦不得不暂时中断举业赶考的步伐，在县邑重新设帐授徒，聊以济困，不过对于举业理想始终没有放弃。他一边教授里人子弟，一边温习功课，以备春闱大考。如此困顿家乡七年之久，直到英宗天顺六年壬午（1462）冬，罗伦家里的经济状况才稍微有所好转，而科考准备也更加充分。于是这年隆冬，罗伦顶风冒雪奔赴北京参加第二年的春闱考试。天有不测风云。天顺七年癸未（1463）早春，就在临考前的第三天清晨，罗伦所居住的馆舍突发大火（史载“遭回禄”），烧及连街店铺数十家。大火发生时，罗伦尚在睡梦中，等他惊醒时周围已是火海。据说在罗伦又急又怕估计难逃一死而放声大号时，墙角边突然出来一个提着拐杖的老人。罗伦还来不及看清这个老人的面目便被他用拐杖一架迅速脱离了火海。等罗伦抵达安全地带准备向老人道谢时，那个救他一命的神秘老人忽然不见了。事后查明，那场诡异的大火烧死 30 余人，同室的旅人唯独罗伦一人免死，甚是命大。罗伦非常庆幸逃过一劫，不过旅资及考试需用的证件资料等全部被烧毁，考试无法参加。罗伦不得已悻悻回到永丰老家。没有多久，罗父大山先生突发疾病，终告不治。短短几年，罗伦连丧两位至亲，令其痛不欲生。罗伦的父亲大山先生早年一心一意希望罗伦走科举仕途经济的道路，尤其希望儿子能够金榜题名，光耀祖宗，甚至有一次梦见儿子高中头名状元了。想象父亲生前对自己的期望，罗伦不由得暗暗铆足了劲，考不中科名无法向父母在天之灵交差。

二

明宪宗成化二年（1466）丙戌春正月，又一次大考即将来临。明政府为了进一步严肃考纪考风，营造公开公平的考试氛围，明宪宗批示礼部颁布补定会试十条规则，进一步净化考试秩序，整顿考试队伍，给有才之士创造一个相对公平的竞争环境。清贫家庭出身的罗伦非常欢迎这个补充规则，毅然而然地再次踏上会试大考的舞台。成化二年二月，会试揭榜，罗伦以前三名优异成绩入奏参加殿试，意味着取得进士资格（习惯叫贡士）了，下一步便是向前三甲发起最后一搏。

成化二年（1466）三月初一，丙戌科最后一场考试殿试拉开了序幕。殿试策题无非是论述历代治国之策，并要求各举子依据历史经验阐述当今治国之道。罗伦审题完毕，马上握管蘸墨展纸便写："臣闻居天下之大位，必致天下之大治；致天下之大治，必正天下之大本；正天下之大本，必务天下之大学……"罗伦文思滔滔，下笔洋洋洒洒，从尧舜禹、汤文武之学到汉唐宋诸君天下之位；从往圣治道之策到大明历代圣君之道；从历史功绩到当时弊端等等多个角度，阐述了自己的治国之策，最后他引用历史先贤名言说道："《易》曰：'正其心，万事理。差之毫厘，谬之千里。'董仲舒告武帝曰：'尊其所闻则光明矣，行其所知则高大矣。'高大光明，不在乎他，惟在乎加之意而已。臣愿陛下加意于臣之言，毋如武帝不加意于仲舒之言也。苏轼对仁宗曰：'天下无事，则公卿之言轻如鸿毛；天下有事，则匹夫之言重于丘山。'今天下不可谓无事矣，臣愿陛下不视臣言如鸿毛，而视臣言如丘山，则天下幸甚，生民幸甚。"（《一峰文集》卷一）

在参考的350余人当中，罗伦的对策最为宏长，足有万言，且文句通顺，结构紧凑，逻辑清晰，现实针对性强，一些考官认定罗伦卷当取为第一。而与罗伦同考的举子中有个名叫程敏政的人，他的对策书写的是一手的精湛漂亮的楷体字，阅卷官审读试卷时都觉得非常舒服，于是不少人纷纷建言取程敏政为第一。就在取舍不下的关键时候，内阁大学士李贤发话说："国家取士论文不论书。"李贤一言九鼎，报明宪宗奏准，于是罗伦以铮铮直言成了头名状元，官授翰林修纂，名震京师，为吉安府永丰县争得了荣誉。

三

高中榜首的罗伦早已过而立之年，依然充满青春活力，学问渊博，立志圣贤，清正狷介，涵养纯正，直言敢谏，希望为国家为政府革除弊病、重上正轨而奉献力量。成化二年有一件事关乎到罗伦的命运与前途。这一年的三月，刚刚参加完殿试录取工作不久的大学士李贤，忽然接到家人报父丧的噩耗，只得暂时辞别官场回家丁忧守制。李贤丁忧两个月后，明宪宗有感于他的才能，发现内阁少了他李贤好像什么事都不方便，于是下诏要求李贤提前结束丁忧日期，迅速回京复任。李贤居丧才两个月，就奉诏被夺情起复，这是不符合封建礼法的，也是不孝道的。然而对于这种公然有悖儒家孝道和国家法令的做法，那些昔日积极治污纠蔽的台谏们却一句话都不敢说，倒是初官翰林修撰、一向敢说敢言的罗伦却无法坐视不管。为了阻止大学士李贤这一有悖情理的做法，罗伦先是放出舆论，希望李贤能够自觉辞请退回，可惜不见有任何反应，于是继而三次跑到李贤家里，当面解释不可以起复的道理。遗憾而又可笑的是，每次去，李贤总是装着一副痛苦又无可奈何的样子说，我也是没有办法啊，当今圣上下诏，我不敢不应诏啊。罗伦知道根子不在李贤这里，于是上奏章一封《扶植纲常事》，直接和明宪宗理论“夺情之不可取”。这封奏章，罗伦洋洋洒洒数千言，历陈古今夺情起复的是非。最后，罗伦指出起复将会导致纲常紊乱风俗浇薄，希望能够拨乱反正，遵守礼制：“今大臣起复，君臣不以为非，且从赞之;君臣起复，大臣不以为非，且从而成之。上下成俗，混然同流，率天下之人，为无父之归。臣不忍圣明之朝致纲常之坏、风俗之弊，一至此极也。愿陛下断自圣衷，许李贤归家服丧。其它已起复者，仍令回去奔丧，未起复者，许其终制。脱有金革之变，亦从墨衰之权，使任军事于外，尽心丧于内。将朝廷端则天下一，大臣法则群臣效，人伦由是明，风俗由是厚矣。”(《明史·罗伦传》)

罗伦这封发自肺腑直言相谏的奏章，宪宗刚听读完毕就狠狠地将他臭骂了一顿。或许皇帝认为罗伦冒犯了他的权威，或许这夺情起复是否合理，原本是台谏们该干的事，身为修撰的罗伦是越职言事，因此非常恼火，后果当然很严重。不久，朝廷降诏，罗伦被发配至福建担任市舶司副提举。官职虽没有降，翰林修撰和副提举都是从六品的官职，但一下子由皇帝周边的京官被发配至离京城数千里之遥的闽地为方官，罗伦的心情之抑郁不用说有多深。再说这个“市舶司”在当时也不是个什么好差事，相当于一个负责海外贸易和朝贡的工作机构，换做今天当然是个富得流油的好单位，然而在罗伦时代，恰逢明代实行海禁，日常清冷之状可想而知。

罗伦忠言直谏而被贬的消息流传北京城政界，一些比较正直的官僚纷纷为罗伦鸣不平，希望能够上书挽救罗伦，免遭不测。比如御史陈选（字士贤，今浙江临海人，宣德五年进士）上疏解救，可惜他的上疏被弹压未能上进。另一个御史杨琅（字朝重，今湖北黄石人，天顺八年进士）也为罗伦遭遇抱不平而上疏辩护，结果反被明宪宗严厉批评。

成化二年（1466）五月，罗伦不得已赴任福建市舶司副提举职事。这个负责海外贸易与朝贡事物的市舶司其机构，设立在泉州而非在福建的大都市福州。这次发配福建使他第一尝试到政治斗争的残酷和复杂，也认识到伴君如伴虎的真实性。尽管如此，罗伦是一个不太在乎世俗名声的人，由京官落至地方官，经历过这么一番折腾，对于官场没有什么特别眷恋，但还是依然抱着为官一任、造福一方的基本为官信念努力地参与到泉州的地方工作上来。

首先是反对将市舶司由泉州改迁福州。成化二年（1466），朝廷着手准备将市舶司迁往福州的柏衙。而刚刚上任市舶司副提举不久的罗伦则据理上疏反对，指出："衙门设立自有其地，迁移亦有其数。盖以柏衙僻陋，非可设之地；岁数未穷，非可迁之时"，于是"遂寝其事"（沈玉水《泉州掌故录萃》）。市舶司最终在罗伦的极力反对之下没有搬迁，继续驻地泉州，为繁荣泉州的海外经济贸易和地方文化的发展发挥了积极作用。

第二个贡献就是直接促进当地的文化教育发展。据徐从花《福建市市舶司副提举罗伦与泉州》一文介绍，罗伦天性淳朴耿直，淡泊名利，浸于文风当中也能映现这种质性，赢得泉州人民的广泛赞誉。为官泉州期间，罗伦充分利用自己的渊博学识常在公务之余聚众收徒，讲学当地，结果四方士人从学如流，连府学和县学教谕也来蹭课受教。据同治《福建省通志》卷一三〇《明宦迹》记载："伦至泉日，有司率众生从之，讲明正学。"不仅如此，罗伦还关心福建闽地的文化教育的发展，多次利用闲暇时间走访福建地方，撰写有关文章如《闽县治重修记》《邵武县学复地记》《福州府学重正复诸书序》等，从而赢得了泉州各界的钦敬与爱戴。

就当罗伦自以为安心在泉州市舶司任上时，政治形势和人生轨迹又有了变化。成化二年冬十二月，内阁大学士李贤病亡，在另一个大学士商辂（字弘载，浙江淳安人，正统十年进士状元）的上疏下，朝廷才准予罗伦官复原职，改任南京翰林修撰。大概在成化三年（1467）四月左右，罗伦才辞去福建市舶司副提举的官差，走马上任南京翰林修撰。这个南京翰林修撰，听起来好像和原官北京翰林修撰一样，其实差别甚大。自从明成祖迁都北京以后，南京的行政机构虽也有保留编制和名头，但不过是充当门面而已，所任官员，几无事可干，权充养老和赋闲。罗伦的南京翰林院任职更是一个闲差，他知道名义上已恢复原职，其实差别大了。不过相比较偏远的福建市舶司，至少南京的环境、条件、待遇要好多了。

罗伦像，取自明代王圻辑，万历刻《三才图会》

四

罗伦在南京任上期间，因为赋闲日子更多，让他有了更好的时间和机会观察政治和世俗，也让他更看清了官场的钩心斗角和仕途的复杂险恶，于是渐渐滋生了归隐的想法。成化五年（1469）九月，罗伦以病为由连续上了三封辞职奏章后，终于得到准行。罗伦回归故里永丰，结束了短暂的仕途生涯。

永丰历史上一个昔日被传为励志榜样的状元竟然辞官归家，这恐怕闻所未闻，因此罗伦的归隐肯定要招来不少惊愕和遗憾的目光，迫使他在归家初期要花点时间来应对别人的种种惊疑和不解。好在罗伦早就对于名利之事处之泰然，他觉得自己的选择是对的，与其蝇营狗苟如履薄冰，不如归隐做一些自己真正感兴趣的事情。比如读读先贤圣人的书，写写文章，设教授徒传播圣人思想等等。这些东西多少还可以让人内心安宁，不必仰求他人，也不必为难别人。因此，罗伦居家养病之余，平日里最多的时间花在阅览先人书籍上，究研前人思想，比如《礼记集注》，他嫌后人注解过多过偏，妨碍领会原典精髓，干脆叫门人将其中的核心部分剔出，专门磨研。别人问他何必多此一举，他回答说：“庶不失所执守也”，意即解读古籍要有底线，不能随意注释前人的著作，以防歪曲原意。成化六年（1470），由于身体尚未康复，罗伦不得已前往广昌（今属抚州）弟子何乔寿家就医。何氏知道老师罗伦知识渊博，便有意设了一座书院名叫盱江书院，方便老师在就医间隙传道授业。四方学者听说状元学者归来地方讲学，纷纷前来听课、切磋学问，一时之间，何乔寿家门内外几乎谈笑有鸿儒，往来无白丁，人流气息非同寻常。罗伦养病就医之余，讲授程朱理学，以传播先人古籍文化与学术思想当成自己后半生的主要任务。大约一年后，罗伦的病情有所好转，身体大有康复，于是回到了永丰老家，在湖西忠孝祠以东设馆授学，重操旧业。当时学者咸集，纷踏驰骛，学馆俨然成了永丰传习理学的一大中心，热闹非凡。罗伦先后写成《易经会要》《礼记会要》《春秋会要》等著作多部。居家讲学过程中，罗伦发觉永丰县邑民风浇薄，民俗萎靡，于是便仿效北宋陕西关中蓝田吕氏（主要是吕大临、吕大忠、吕大防、吕大钧等人）制定的乡规民约，订立章法四十多条，要求全乡民众学习遵照。在罗伦的倡导和践行下，随着时间的推移，久而久之，永丰乡邑的民俗民风大有改观，民众莫不受到感化，以至"丧礼行，浮屠除，盗贼息，民业安，十余年间兼并不作，乡俗为之一美"（明贺士谘《一峰先生墓志铭》），四十余条乡规民约渐渐成了当地一大自治特色。除外，罗伦还打算仿效古人设置义田义仓，用以解救贫困人家和灾荒之年。当时有家境富裕人家想直接捐助钱币，遭到罗伦的拒绝。罗伦说，这些钱虽是充公之用，但也不能乱用，多买些粮食存储起来，以便救济那些贫困人家即可。罗伦是一个具有悲天悯人情怀的人，虽然曾做京官，但较为清贫，为人特善良。有的人家捐赠衣物给罗伦，他看到有无家可归者死于途中，便将自身衣服脱下覆盖。所以他的仁爱之心，四乡八邻皆有见闻。

成化十一年（1475），时年45岁的罗伦旧病复发。为了寻求一个更为清静的场所，他在一个离家百多里的金牛山结茅成屋，创办金牛书院，一切生活物资来源于周边的田垄山川。起初这个地方，罗伦原本只是当成一个自己养病和读书的地方，然而因为他的名气高，学识厚，四方学者听说后闻风而动，于是原本偏安一隅的金牛山多了些读书讲学人的影子。不过罗伦并非来者不拒，而自有他的待客原则，那就是大凡奔着明心见性之学来的，一律收纳，而那些本着举业之用而来的一律婉拒。

成化十四年（1478）秋，罗伦病重，9月23日，自知时日不多，对左右人说："人固有一死，我死不足憾，可惜传播圣人之学还有诸多心愿尚未完成。"第二天罗伦在弥留之久断断续续地告诉门人说："人之为学，全在生死分晓之上。无道而生，有道而亡，无憾矣。"这一天，罗伦病逝于自筑的金牛堂，行年48岁。罗伦一生清贫自守，勤俭节约，以至于死时竟然没有一件好衣服入殓，多亏门人方琬等人解衣装具，而友人罗峻为之提供棺材一具，才把后事安顿好。四方学者前来吊念祭悼者数千人，三年不绝。据说，罗伦卒后，当地山岳忽然崩塌，暴雨如注，大风劲作，野虎咆哮，生前住过的金牛山突然泥土陷落成一井，深不可测。或许是因为罗伦为状元郎，是闻名四方的理学传人，上天为他的短寿抱不平吧。

永丰状元才子罗伦就这样匆匆谢世退出了历史的舞台。他清贫耿介的一生和淡泊名利的处世态度供后人凭吊敬仰，身后所留下的轶事传说和文集流传于今，供后人评说发掘。正德十六年（1521）三月，明武宗朱厚照病逝，年轻的朱厚熜被拥立帝位，明年改元嘉靖，这就是居皇位长达45年的嘉靖帝明世宗。初登皇位的世宗为笼络人心，表彰罗伦的直言刚谏和理学贡献，听从御史唐龙奏请，追赠罗伦为左春坊谕德，谥号文毅。(《明史·罗伦传》）状元罗伦殁后约43年，终于得到了皇家的极高礼遇，算是极大的哀荣，他若地下有知，也该含笑九泉了。

五

罗伦不喜做官，他本质上是一个学术传人，早在年轻的时候就反对将学问作为科第举业的敲门砖。后来即使坐上了科第的最高宝座，仍然以进学问为务，尤其是在晚年隐居永丰金牛山上，开辟场馆，每天与四方向学之人切磋交流，注经研学，达到了他学问人生当中的最高峰。

罗伦注有《周易传》《中庸解》《礼记集注》等，删订《三礼考注》，并著有《一峰集》。可惜诸作大多散佚无存，现唯有文渊阁《四库全书》版《一峰集》留传。该文集共十四卷，包括：策、疏、状、序、记、传、墓志、谣、文、哀辞、说、铭、祭文、书等十卷，另有诗集、梦稿及诗歌四卷，基本上代表罗伦一生的学问成就。

在学术史上，罗伦一般被认为是程朱理学的传人，在明代中期社会思潮的重大转折关头，罗伦的哲学思想以居守北宋以来的理学成就为多，而对于新学开创较小，因而长久以来关注者甚少。《明儒学案》将其归于“崇仁学案”之“余干之学”。这里有必要解释一下“崇仁学案”和“余干之学”。

《明儒学案》将吴与弼字当成“崇仁学案”的魁首，因吴与弼为抚州崇仁人。吴与弼（1391—1469），字子傅，号康斋，崇仁学派的创立者，明早期著名理学家、教育家。一生无意进入仕途，以讲授理学，传播程、朱哲学思想为己任，四方求学者络绎不绝，吴与弼以此远近闻名。正统至景泰年间，朝廷多次征聘不就，天顺二年（1458）五月，在大学士李贤的荐举下，授为左春坊左谕德。吴与弼多次请辞，后获明英宗嘉许，派人护送回乡，并命地方官按月支给仓米，以示关怀。吴与弼的理学，“上无所传”，自学自得，身体力行，他的理学思想，概括起来有四：即天道观、性善观、践行观、苦乐观。吴与弼被认为是明代理学向心学转变起了关键作用的三大理学家（另两位是薛碹、陈献幸）之一。（张运华《吴与弼的理学思想》）而《明儒学案》则把他当成开启有明一代理学思想的第一人：“椎轮为大辂之始，增冰为积水所成，微康斋，焉得有后时之盛哉！”

所谓的“余干之学”，是列于“崇仁之学”之内的一大分支，因其主要人物胡居仁、娄亮以及罗伦等“曾会聚于江西余干”，且核心对象胡居仁为上饶余干人。这些人一般被后世认为是学出吴与弼的。（侯外庐《宋明理学史》）不过对于罗伦本身，《明儒学案》并没有将罗伦归之于“崇仁学案”，而是放诸“诸儒学案”，说明黄宗羲等人能够看出罗伦与胡居仁等的哲学观点和师承渊源有差异。与罗伦关系甚好的明代大儒陈献章（1428—1500）也认为罗伦也非师承吴与弼，而是无师自通：“弱论者，今所谓豪杰非欤？无导于前而所立卓然”。（《陈献章集》卷一）肯定了罗伦卓然自立的一面。

作为明代前中期哲学思想的研究者、传播者，罗伦的历史贡献固然不可和主心学的陈献章比，即使和同是程朱理学传人的胡居仁相比也有差异，不过正如张俊华指出：“罗伦等人虽仍守程朱理学的旧统，但已经趋于新的方向，为中国哲学开拓了新的视野。”（《罗伦哲学思想研究》）

罗伦的《一峰文集》十四卷，涉及策、书、状、序、记、传、墓志、哀辞、文、诗等各类文体 14 种，文体丰富，涉及面广。对于其文特色，《四库全书·一峰文集提要》说:“今览其文,刚毅之气形于楮墨。诗亦磊砢不凡。虽执意过坚，时或失于迂阔，又喜排叠先儒传注成语，少淘汰之功，或失于繁冗，然亦多心得之言，非外强中干者比也。后载梦稿二卷，记梦之词至三百余首，隐约幻渺，几莫测其用意所在,亦文集中罕见之体。”可见,罗伦的文章特色与其为人一样，蕴涵着清刚之气,有的地方虽不乏迂阔,毕竟富有坚实内容而非无病呻吟之作。

总之，一代才子罗伦以不羁之才登上了科举时代的巅峰，然而短暂的宦海生涯后转向道问学的追求，最终以理学见长，并在明代前期具有一定的影响。数百年后，无论是状元佳话还是学术成就，罗伦一直在历史云烟里穿梭，幻化成传统文化的一部分，值得重新发掘和评价。

【金牛洞书院游记】

曾志

永丰、兴国和青原三县（区）交界的深山中，镶嵌着一颗熠熠生辉的明珠——龙冈。多次听说龙冈有座金牛洞书院，总想去看看。总算抓住时间，我邀友前往。过泷江，一条窄窄的水泥公路沿山蜿蜒而上，在缠绕过好几个峻峭的山头后，悄然进入一块凹下的盆地。盆地四周，屋舍依山而建，红瓦白墙，掩映在樟松竹林之间，大小不一的稻田一片青翠。俄尔，车子前面出现一个村庄，砖混结构的三层小楼傍路排开，整齐美观。一幢楼前挂着“龙冈畲族民族乡毛兰村民委员会”牌子。王老书记接到我们的电话乐呵呵地从屋内走出来同我们握手。一听说要去探访金牛洞书院，他二话没说就跨上摩托“突”“突”“突”地在前面带路。几分钟后，王老书记招呼我们车停路边，说要步行进坑。

坑叫“汉坑”。坑口狭窄，两边山岭似两只伸长的大手环抱着什么。我们从山岭指缝间钻进坑去。一条小溪在山脚田边扭来扭去，水声“哗”“哗”，碧澄清澈，砾石斑斓。掬水洗脸，凉爽舒适。往前走，渐显开阔。王老书记一边带路，一边娓娓地给我们讲述着罗伦与金牛洞书院的传闻。

罗伦 1431 年出生于瑶田水心村一贫寒家庭，1466 年高中状元。因犯言直谏被贬，1469 年 9 月，罗伦向明宪宗告病辞职，隐居家乡，闭门著述，传道授业。他写的《戒族人书》道：“不争田地，不占山林，不尚斗争，不肆强梁，不败乡里，不凌宗族，不扰官府，不尚奢侈……其余取债之属，民甚贫穷可悯，自己少用一分，便积得一分德。奴仆强横，不可放纵。”据传，罗伦厌恶繁嚣，骑上一匹白马云游，寻觅幽雅之境。白马走过兴国的竹杆洞和枫边的泥鳅洞均无意停留。可当白马来到毛兰的金牛洞时，再不肯挪步，匐匍山腰。罗伦见此地“峰峦叠嶂，潺潺流水，循泷而环，若玉块然”，觉得金牛洞山水奇胜，遂结茅屋潜修。龙冈车溪张泷崖是罗伦好友，见其钟情此地，便慷慨解囊，兴建书院。罗伦开馆授徒，四方求学者云集。张泷崖捐献田地百余亩，以供书院日常开支。

1478 年，罗伦卒于金牛洞书院正密堂，年仅 48 岁。罗伦谢世后，书院亦渐式微，墙倾梁腐，后张泷崖之孙张廷佐和侄儿张述龄重修书院。江西御史沃公慕名造访，为书院题词“万古泷崖老，一峰翰墨香。”一时名声大噪，才彦咏士、骚人墨客不断前来凭吊祭祀，留下了许多诗词名联。

走入汉坑腹地，山脚下有两三幢房屋，王老书记进屋借了两把柴刀。向左拐，似乎进入大山的右胳膊肘，这就是金牛洞。我们用刀劈开挡路的荆棘和茅草，越往深处走，路越模糊，最后根本就没有了路。毛竹、松树、杉树、枫树、樟树，还有许多叫不出名的树，杂然其间，生长茂盛，遮天蔽日。我们在这密林中钻行，王老书记不停地说，就在前面，就在前面。爬到半山腰，约略可看出一块平地，由于长满林木，我们看不出平地的面积。王老书记说，这就是书院原址，占地两三亩的样子，小时候在这还看到齐腰高的断墙。几十年过去了，墙基也坍塌了，全长上了树。我环顾四周，全是密密的树，看不清地形。据说这里前对七星宝石，后藏金鸡合欢，左拥金牛俯地，右傍白鹤冲天。每到深夜，对面山上的七星宝石就会发出耀眼的白光，直射到罗伦的书桌，罗伦夜晚著书立说不用点灯照明。《五经疏义》《周易说旨》等许多著作都是在七星宝石照耀下写出来的。我小心地扒开地上厚厚的树叶，想寻见先贤的足迹，感受罗伦的风韵。“洞天风景碧虚中，九曲云根一泉通。谁问紫阳山下路，梅花三弄倚东风。”罗伦题金牛洞的诗句在耳边回响。我仿佛看到：一个书生站在山头，手捧经卷，凝神静思，清风徐来，衣袂飘飘。

“哎”，王老书记一声叹息把我从梦幻中拉回，“你们都是文化人，要帮忙多加宣传，不要让书院湮没了。要是有关部门能在这里重修书院，我愿来这里当个守门人。”我蓦然明白：王老书记这么热情，这么主动，不顾年老体弱，不怕天气炎热，不畏山高林密路难走，带我们到这里来，原来不仅仅是为了帮我们，而其内心真实的目的是为了书院。我想到两个字“传承”。罗伦的精神要传承，书院文化要传承，优秀的中华文化要传承。下山路上，王老书记那声叹息始终萦绕在我的脑海。我抬头望了望对面那座有着七星宝石的山头，转过身朝那片茂密的树林深深三鞠躬。

曾　彦

【大器晚成的曾彦】

林雯菇

曾彦（1425—1503），字士美，泰和县沙村南坑人。明成化十四年（1478）戊戌科状元。他少年时就入了县学，读书刻苦用功，可是屡次参加全县的乡试，都是名落孙山。直到43岁时，才考中了举人。按理说，年纪不小了，他应该知足了。可他不顾旁人的讥讽，攻书不辍，多次参加全国会试，终于考中了状元，此时，曾彦已经54岁。真可谓功夫不负有心人。

誉为“文曲星”下凡的状元，总有些神奇的传说，曾彦也是如此。据传，这科殿试主考是四川眉山人、内阁首辅万安。他在阅读曾彦的对策时，被其翩翩文采所折服，禁不住拍案叫绝，其他评卷官亦有同感。万安回忆起前一天考试前点名时有个叫曾彦的，颀长伟岸，一表人才。拆封一看，此文正是吉安府的曾彦，便排在第一，交皇帝定夺。到了传所中进士进殿见面时，万安仔细审视这定为榜首者，却发觉他身材矮小，又黑又瘦，还略有残疾，惘然若失，怀疑以前可能是同名者或者看错了人。退朝后，万安再取曾彦的殿试策阅读，顿时觉得颇为平淡。可已成定局，只好作罢。这种以貌取人摇摆不定的心态险些使吉安少了一位状元，可从另外一个方面也可见科举制度的相对公正。

年过半百入朝廷，他始任翰林院修撰 ，后转侍读，十几年后升侍讲学士。皇帝见他老成稳重，办事认真可靠，便命他代掌南翰林院事，领五品俸禄。这位“老状元”能居如此位置，也算“老有所为”了。他十分珍惜来之不易的荣耀，为国家之大计建言献策。有一年发生星变天文现象，是祸是福众说纷纭。他上奏给皇帝说，不要听那些蛊惑人心的妖言，只要是信任和亲近贤臣，重视科举选才，天下就太平了。在左春坊任职时，他曾三次上疏叙治国之策，一是请行久任之法，不要频繁地换动官吏；二是请在政务之暇，皇上要常召集内阁及大臣议论时政利弊以振朝纲；三是对御史李兴、彭程、谢堂三人因上书获罪之事应予宽恕，以免堵塞言路。他的建议均被明孝宗所采纳。

在民间，有关曾彦的故事广为流传。据说曾彦因为家贫，13 岁才开蒙读书。没读两年，家里无力供养，他便去卖苦力谋生，赚了点学费又回书馆读书。曾彦十六七岁时，一天，年老的父亲对他说：“彦儿，你也不小了，应该成家立业，挣钱谋生了。穷人家孩子能读上三四年书就算不错了。过了年，你就不要去上书馆了。”曾彦听了，久久没有说话，心里有点难过。老师说过，教了几十年书，没有见到过像曾彦这样聪明的学生，今后一定前途无量。可家里太穷，父亲又年老，供养不起自己读书，是该自食自力了。他深深地叹口气，点头同意。可家里只有几亩薄田，收入不多，要多挣钱，只有去富裕人家做帮工。于是，他在乡里圩镇上一家经营土产的店铺当挑夫，帮店主去收购乡村的花生、黄麻、芝麻等土产，挑到泰和街上去卖，再从街上挑回布匹、食盐等交给店主经营。生意忙时，店主要雇用好多个挑夫。

一天，曾彦挑着食盐、布匹等和挑夫们回店，走累了，便在一栋祠堂的廊下歇息，谈天说地。曾彦突然听见祠堂后厅传来琅琅读书声，连忙走进祠堂前厅，坐在天井的石条上听。不一会，书声停了，听见先生抑扬顿挫地解经讲古，曾彦更加聚精会神地聆听。歇了片刻，伙伴们叫他动身，他说，你们先走，我等一会赶回来。不知过了多久，天下起来大雨，曾彦只好离开天井，靠近后厅板壁继续听讲。下课了，雨也停了，曾彦这才回到廊前去挑东西。低头一看，不好，斜飘的雨水淋湿了箩筐里的货物。食盐溶化了不少，布匹也湿漉漉的。

他硬着头皮将货物挑回店里。在店主的责问下，曾彦如实相告，同伴们也为他作证。店主本是个读书人，多次应试名落孙山，便做起了生意。听说曾彦是因听讲课入迷而损失了货物，有了几分理解和同情。他对曾彦说："既然你如此好学，那我们来对句吧。对得出，不用赔偿，工钱照付；对不上，要赔偿损失。"曾彦说："在下只读了几年书，恐难使东家满意。请出上句吧。"店主见食盐淋湿，溶化了一些，便说："盐客之人檐下宿，檐水滴盐。"曾彦一听，心中一惊，这店主好厉害，把"盐"与"檐"两个同音字巧妙地组合转换，有景有形有情节。他思索片刻，对道："渔翁之徒雨中立，雨中求鱼。"店主听了，连连赞道:"好！好！有才学。"从此以后，店主不再让曾彦当挑夫，留在店里打点生意，茶余饭后，两人谈古论今，成为忘年之交。店主饱读诗书，对曾彦悉心指点。曾彦庆幸自己遇上了这位良师益友，劳作之余更加苦读勤思。

乡村小店的生意时旺时淡，淡时，老板便去做点泥水活，曾彦也跟着他学做。一年，店里扩建了几间店面，想请有名望的人士题匾额。邻乡有位姓尹的朝廷内阁大臣，人称"尹阁老"，其时退休在家。店主带曾彦登门请尹阁老题字。尹阁老听说他开了家小店，又是泥水匠，心想，我堂堂内阁大臣为你等小店草民题词，岂不是有损我的名声？想攀龙附凤，没那么容易！他铺开纸，画了一把泥水刀，配上一首顺口溜："铁打泥水刀，砌墙层层高。要想登龙门，除非天将老。"写完扔给店主说："拿去吧！我的字在京城可是一字一两黄金呢！"曾彦对店主说："真是欺人太甚！"回到店中，曾彦挥笔依韵回一首诗给阁老："手持水泥刀，登楼步步高。他日登龙门，气死尹阁老。"

这位才华横溢的状元，授翰林院修撰，九年考满，本当升迁，却被人谮毁，出为南京翰林院侍读。明弘治初（1488），曾彦修《成化实录》，弘治四年八月，进为左春坊左谕德，弘治六年十月改任南京翰林院侍读学士。弘治十年（1497）十月乞归致仕，年 73 岁。弘治辛酉（1501）六月十四日卒，享年 77 岁。

【犹闻诗书琴瑟】

曾绯龙

盛夏时节，我慕名寻访明朝大器晚成的状元曾彦故里。

它位于吉安市泰和县沙村镇南坑村。这是一座十分偏远的乡村，驱车沿着曲曲弯弯的山路而行，很少看见人烟，就连家禽牲畜也鲜见。路两旁是密密匝匝的灌木丛，偶尔闪过一株虬枝横逸的古树，惊起几只伶俐的白鹭，扑楞楞飞向炙热高远的云空。不远处有潺潺溪水和声相伴，肥软的芦荻与轻盈的狗尾巴草迎风摇曳，为炎热的旅程带来一丝清凉灵动的野趣。

曾彦，字士美，他早年在县学发奋苦读，却屡试不第，成了老童生。但他并未一蹶不振，仍刻苦求学，以状元及第的叔叔曾鹤龄为榜样，直到明朝成化三年（1467），才中举人，时年 43 岁。又过了漫漫 11 年，终于考取状元。一路上，我想象着：多少个酷暑之夜，任凭蚊虫叮咬与汗水淋漓，身居僻野的曾彦，以一种咸涩苦楚的姿态，托起一副柔弱的身躯；多少个寒冬之夜，朔风呜咽，雪花漫飞，室外的纯白，反射到室内，让一盏如豆孤灯，有一种火焰燎原的壮美。

春天，曾彦无暇欣赏桃红柳绿、草长莺飞的大自然胜景；秋日，面对“晴空一鹤挂云上”，他也不会“便引诗情到碧霄”。他沉浸在厚厚的古籍经典与叔叔的励志故事中，沉醉在一枚枚亲切温润的文字内，沉睡在建功立业光宗耀祖的梦境里，让山旮旯里金色的书香，一寸寸地洗去“诱惑”这只惊艳之鸟留下的丝丝痕迹。

正在沉思中，汽车“嘎”的一声停在几栋依山而建错落有致的农居前，镇政府的同志说，南坑到了。这里就是鼎鼎大名的状元桑梓？！

大都是两层旧宅，褪色的门板、窄小的窗户、残损的屋瓦、爬着青苔杂草的墙角、堆满老式农具的院落，不像山外的别墅拥有挺拔的高度、大气的造型与优雅的装修。

泰和县沙村世科第坊

我随便走进一户人家，只见门口的土墙用竹匾或团箕晾晒茄子与蔬菜，地上支起的长竹竿长着一个个凸起的节，每个节上挂着青红的辣椒或者黄白的玉米。踱进厅堂，光线陡然黯淡，视野里尽是些青灰色老旧的物件，甚至有老式的电视机与自行车、瘸脚的板凳以及边角破损的斗笠。但左边墙壁上齐整张贴的十多张奖状让我眼睛一亮。奖状的内容从小学到中学，有写“好孩子”，有写“优秀班干部”，有写“学科带头人”，有写“优秀少先队干部”的，看得出获奖者是个品学兼优且有一定组织才能的孩子。

“他是我侄子，”跟在身旁一直显得腼腆的曾宪浩看见我的神态后迅疾来了劲，嘴角噙笑，喉结一鼓一鼓的，“他爹妈都去贵州打工了，很少回来，只是节假日交给我照顾下，平时侄子吃住在我县的一座贵族学校，从小学到高中一贯制，每年生活费学费等开支就要一万五呢。”

我的嘴巴张得更大 :“一万五，哦，这么舍得？！咋不花点钱改建一下破旧的房子呢？”

“这你有所不知，”村民曾文椿接过话茬，“这里的人不比谁家房子漂亮，只比谁家孩子会读书。有的父母在外打工，用辛苦挣来的钱让孩子跟着爷爷奶奶在县城或者市里租房子，就是为了孩子去大地方读书，接受更好的教育。”

在与村民的闲聊中，我获取了以下信息。

南坑自然村原先唤作南溪村（听说被某位口齿不清的人改过，让村民一直耿耿于怀），虽只有 20 余户人家 100 多人（曾姓为主），但“簸箕晒谷，教子读书”的家训源远流长，故全村学风长盛不衰，这些年考取大学生 10 余名，包含从名牌大学——中国科技大学毕业又考研成功目前在深圳发展的高材生曾繁煜。

在村里，我每时每刻感受到淳朴的民风与曼妙的书香。

村口新建的祠堂，占地面积很小，一点不气派，我却从门楣的楹联“天祠获重修犹显钟灵毓秀，滔裔愈俊秀定卜子孙繁昌”，以及珍藏的残破不堪依稀可见“甲科”字样的牌匾，掂量到沉甸甸的书香，读出了曾彦后裔的自豪与自信！

读小学三年级的小朋友曾欣艳，一袭红裙子，长得眉清目秀，她带着小弟弟在几张墙上张贴的画报前认字，旁若无人地带读起来：“苹果”“白菜”“香蕉”“月亮”“小汽车”“天安门”“解放军”……小男孩奶声奶气，有时目光游离，掰手指玩，左右而言他。欣艳也不纠正，依旧摇头晃脑、情绪飞扬。清脆的童音把一只小花狗、几只灰黄的麻雀吸引过来，它们一点不怕人，在屋内不停地跳跃着、欢叫着，似乎也想客串一回欣艳的学生。我屏住呼吸，不敢笑出声来，生怕干扰了这剔透纯净的一幕。透过欣艳与其弟弟诵读的一幕，我的眼前书香荡漾，仿佛浮现出村里的下一代长大成人依次步入大学校园的喜庆热闹情景。

为了展示先祖曾彦的风采，曾文椿特意从家中捧出《南溪曾氏和甫公大成族谱》给我看。这真是曾文椿的传家宝，他将已经略有破损的族谱放在家中的樟木箱里，又用报纸包了几层。翻到族谱的中间部分，我惊奇地发现了几片蜷曲的黑黄烟叶。“防虫子用的，”曾文椿告诉我，“每年还要让族谱晒一晒，沾点阳光的味道；让新生儿摸一摸书页，沾点书卷气，将来也可能成为状元郎哦。”旁边的曾欣艳弟弟猛地快速伸手来抓族谱，曾文椿一边轻声呵斥：“调皮蛋甭乱抓，轻点、轻点！”一边却牵引着调皮蛋的粉嫩小手，在族谱的封面及封底均抚摸了一遍。多么有情怀有意思的村民！以这种特纯特真特萌的方式，表达对状元先祖的崇仰之情，我看着听着都醉了！

曾坤宪是我们此行的向导，他当过村小组长，今年 70 多岁了，身体很硬朗。他带领我们来到后隆山的曾彦墓。曾彦墓已列为县级文物保护单位，显然维修过的墓体上，爬着一条长龙状的绿色植物，是否暗喻曾彦矢志不渝的求学精神呢？

“为了保护曾彦墓，村民经常来这里走走看看，每年还要在几位老师以及留在村里的退休干部组织下，举行一系列祭拜活动。”曾坤宪一路向我们聊家乡的现状，也聊曾彦的传奇故事，眼里绽放的是满满的虔诚与自豪。

曾彦老年登第，迟著不振，难以有所作为，但也有特别名望，其为文不事削刻，而思致绵邈，著有《申晚集记》。退休归乡后，居南熏楼，楼门上亲笔书写对联：“尚诗书琴瑟之清素，远钟鼓纨绔之哗喧。”表明他甘于淡泊洁身自好的心迹。

读到曾彦此妙联时，我对“诗书琴瑟”四个字印象特别深刻。诗书琴瑟，这既是曾彦晚年的最爱，也成为其后人孜孜追求的生活图景。我在想，在这个大发展大变革时代，如何牢记历史保留乡贤文化，如何恢复传统保留农村最本真最纯粹的乡愁，而不是一味地仰视或照搬城市琳琅满目的文化样式，这值得每一个人去深思去探索。小小的南坑村，在中国偌大的地理版图上，就像一滴水、一粒尘土，但村民数百年来坚持守望珍贵文脉，不忘状元风范，以读书为荣，以成材为乐的风气，无疑诠释了两个保留的深远意义，诠释了“诗书琴瑟”的有效实现途径，为中国广大农村的和谐进步与文明发展提供了一个样本。

归途中，我看见南坑村附近的铁路上隆隆驶来和谐号列车，车厢里的城里娃透过窗玻璃，在好奇地张望田埂上牵牛的农村孩子，农村孩子同样抬头在眺望列车里的城里娃；亦听见从农户家中传来隐隐约约的竹笛声，从广袤田野与山林里传来的山民耕作的阵阵此起彼伏的号子声，从《南溪曾氏和甫公大成族谱》里头传来的“诗书琴瑟”声。现代文明与传统农耕文化交织在一起，相得益彰，让我的状元故里之行，竟然产生一种穿越时空的魔幻快意。

罗洪先

【不慕名利的罗洪先】

彭庭松

我在吉水中学读高中时，在县图书馆翻看县志，第一次知道了罗洪先这个名字。后来有来自盘古乡的同学，也偶然会谈到这位状元老乡，脸上飞扬起自豪感。五六年前，我第一次到安徽宏村去，在村口发现有罗洪先写的一首诗，刻在醒目的石碑上，一种到家的亲切感油然而生。两年前我到万安去，在万安水电站库区的观音庙里，发现刻写有长长的《醒世歌》，作者正是罗洪先。又到该县高陂镇田北村去，这是个全国有名的农民画村。见到祠堂高悬“理学正宗”四字，一时诧异，赶紧看旁边石碑介绍，得知村庄大部分姓罗，为罗氏后裔。全村的人几乎都作画，但我没有发现擅长画地图的。进一步了解，距万安县城 20 多华里的百嘉乡有个九贤村，原来有个书院，包括罗洪先在内的九位庐陵先贤在此讲过学，现还有“九贤祠”纪念呢。

罗洪先，字达夫，号念庵，吉水盘谷黄澄溪村人。村庄现在不存，应是离那谷村近了。他生于明弘治十七年（1504），卒于明嘉靖四十三年（1564），享年 60 周岁，与安福彭时相当。父亲罗循 1499 年中进士，30 年后的 1529 年，儿子中状元。罗循曾在江苏镇江、淮安任知府，后迁徐州兵备副使，官位相当于副省级，官声也很不错，仕途总与江苏结缘。

据记载，罗循到 41 岁方得子。中国人相信善有善报，当年罗循考试时，衣服丢失了，同伴帮他找到了偷窃者，并将小偷的行囊打开当场给他看。罗循说："衣服相像的很多啊，你们呀，喝醉酒就不要乱说话了。"又说有年罗循路过某寺庙，见停放七口棺材没有下葬。罗循赶紧掏出钱来，吩咐和尚将那些亡人入土为安。晚上于是梦见神人，赐给他一个童儿，生下来就是罗洪先。道教讲"前人栽树，后人乘凉"，无非是证明"积德人家有余庆"啊。

罗循给儿子取名为洪先，据说是在徐州任上，洪水围困，这是最先需要解决的。所以就给儿子取名洪先，这是多么敬业的好官！这徐州不知道为什么这么多洪水，当年苏轼为了治水，硬是把家安在大堤上，以大无畏的气概严防死守，终于成功。罗循给儿子取字达夫，大概是说洪水如果治理好了，道路自然通达。这字达夫的名人还真有些，比如唐代边塞诗人高适，他后来还真发达了，是诗人中显达到封侯的第一人。比如还有郁文，也是字达夫，后来成了著名现代作家，不过命运多难，最后被日军杀死在印尼，连坟墓都不知道在哪里。而号念庵的还真不多。说到庵，很多人会联想到寺庙。其实庵更有草庐书房之意，例如陆游的书房就是老学庵嘛。估计罗循给儿子取这号，多半还是和书香联系在一起的。

二

罗洪先的功名仕途太过简单明朗，不知道是一种幸运还是遗憾。

嘉靖八年，即 1529 年，25 岁的罗洪先高中状元，这可以说是少年得志。光耀门楣，无限荣光，岳父比父亲还高兴，到处逢人便说："我女婿成就大功名了！"罗洪先倒是异常淡定，说："真正的读书人有远比这大的事业啊。状元三年就会有一人，有什么值得可喜的呢？"这岳父碰到个这么个"不识好歹"的女婿，下次来估计是没有荷包蛋吃了。

状元按惯例授予翰林院修撰。父亲觉得身体不行，即召儿子先回。说:“你尽忠日长，我见到你日短。”居家两年，眼看就到归期，再不赴官，就要除名，洪先这才告辞父母前往京城。不久，遭父丧，返回。接着又遭母丧，继续守孝。这样的连续告别，真是让人生出“子欲养而亲不待”的痛感。史载洪先为极孝之人，父母的相继离世一定会对他心理造成很大的打击，并可能改变他对人生的一些看法。

一眨眼十年过去，罗洪先到朝廷，召拜春坊左赞善。此时的嘉靖帝深居简出，很少上朝，确实是够昏庸的。毛泽东批评他“炼丹修道，昏庸老朽，坐了四十几年天下，就是不办事”。他自封为“九天弘教普济生灵掌阴阳功过大道思仁紫极仙翁一阳真人元虚圆应开化伏魔忠孝帝君”，这么长的称号没个标点，不知道有没有人能读得下来。皇帝过年过节都不上朝，也不发表新年讲话，天下百姓会怎么想？于是洪先与好友唐顺之、赵时春等上书，要求第二年如果皇帝不出来，就请皇太子出来，接受群臣朝贺，以安定人心。乖三天、蠢三天的嘉靖帝这下子很不高兴，看到奏疏后大怒：“你们是觉得我病得不能再起，马上要死吗？”于是亲自写了100多个骂人的词语送给他们，并将三人除名了事。

洪先于是只好再次返乡。从政首秀如此尴尬，他的心灰意冷可想而知。对这位敏感无能的皇帝还真不抱希望，于是一头扎进学问中去了。后来，唐顺之得到一个再次起用的机会，来征询洪先的意见。洪先说：“你本是官籍中人，身不由己，想出山就出山吧。既然你出山了，我还是继续隐居吧。”再后来，首辅严嵩极力推荐，洪先还是坚决不出来做官。情到浓处忽转薄，或许是太忧心这个国家社会，到头来反而觉得失望透顶，不想再去管那些劳什子的事情了。

如此绝意官场，还真是不爱官。这位状元公前后算起来，在仕途上没有走满三年。这嘉靖皇帝在位太久了，罗洪先在野伴了他一生。我不由得想起白居易的诗句:“举眼风光常寂寞，满朝文武独蹉跎。”看来做官还真是要天时人命，配合得不好，状元都没用。

二

罗洪先天生是个学问家,他有着学问的热情与冲动。他对王阳明十分崇拜,“年十五，读王守仁传习录，好之，欲往受业”，只是父亲觉得功名要紧，阻止了他。明朝中后期，思想界确实刮起了一阵王阳明旋风。王阳明个人的功业与传奇经历,加上学说与时代的契合性,以及适应了时代发展需要的批判性,其风靡全国，尤其是江南，当然不是偶然的。

王阳明正德五年（1510）三月，在龙场悟道后，调任吉安府任庐陵知县，虽然不到一年，其学说对吉安的影响巨深，影响了一大群弟子。罗洪先先是仰慕同乡状元罗伦,接着师事同邑李中,所传皆为阳明之学。黄宗羲《明儒学案》,将他与聂豹并列为一卷，作为江右王门学案的归寂派代表。罗洪先学问关键词大概在“寂然不动”“无欲故静”。他说:“儒者学在经世,而以无欲为本。惟无欲,然后出而经世，识精而力巨。”我慧根也浅，说实话看不出这段话与存天理，灭人欲有何本质区别。在如何阐释良知问题上，他和王畿分歧较大，而且经常论争,但君子和而不同,两人关系都挺好的。不像现在,学者的傲气借着火气,一言不合就直接开骂。受王阳明龙场悟道的影响，罗洪先也想找个地方修炼。终于他找到了吉水阜田的石莲洞，这原本是个老虎洞啊。修炼心学的人就是自信勇敢,他还真有不入虎穴,焉得虎子的精神,将里面收拾好,在洞口种上梅花。其有诗云：“春日初临已艳阳，石门自启入青苍。莫言洞里无供给，已因梅花到骨香。”又有诗曰：“莫怪秋风作意狂，洗枝吟叶自凄凉。而今已得莲华地，不傍他人借藕香。”喜爱之情,跃然纸上。他就在这洞里闭门谢客,“默坐一榻,三年不出户”。后来他还在旁边建立书院，广收弟子，将吉水文脉传承得深厚有力。

理学最终是为了经世致用。罗洪先没有像有些宋儒那样，去追求所谓纯粹之学。他“甘淡泊，练寒暑，跃马挽强，考图观史，自天文、地志、礼乐、典章、河渠、边塞、战阵攻守，下逮阴阳、算数，靡不精究。至人才、吏事、国计、民情,悉加意咨访。”什么都学,是因为将来如果能任事,都可能用到。文武并举,书本与实践结合，这倒有点像是发扬孔子的六艺精神。

罗洪先像同时代许多人一样，儒释道融合并究。他到南岳去访问高僧，谈经论道,并手植的念庵松(又名状元松),如今还成为著名景点。他的《醒世歌》,专为佛门所写，如今在许多寺庙中挂着。在道教功法典籍中，收录有署名“明罗洪先”的著作《卫生真诀》。清代钱谦益在《列朝诗集小传》中还记录了一段传奇，说罗洪先去世后，还不远千里到常熟去访问他，只是很遗憾相互错过，没有上演“白日见鬼”的一出戏。民间很多传说,都将罗洪先看成是一个仙人。

大家津津乐道的是，罗洪先是一位伟大的地理学家。他绘成《广舆图》,首倡比例尺，也是我国最早的一部综合分省地图。他的书法功力精湛，现在在晋祠、庐山、乐安等地都留存有他的墨宝。罗洪先的诗文“从理窟中来，自然转折可观”，受好友唐顺之等人唐宋派思想和方法影响较大。

由此可见，罗洪先学问是精粹与驳杂的统一。这位状元是较为彻底摆脱八股文思维的一位，他既致良知，又致良能的知行合一的精神，到今天仍然有着巨大的借鉴意义。

三

嘉靖四十三年(1564)，罗洪先完成《阳明年谱》自己负责部分。一日，他突感身体极度不适，对家人说：“吾明日行矣。”族中长老赶紧前来探望，面对家徒四壁，不禁感叹出一句哲学话语:“甚矣，空囊也。”他经常对门生说:“放生太虚，一归性命，真讨便宜，真是省事。”足见他是个类似庄子一样的人，生死是置之度外的。

罗洪先墓地在石莲洞附近的崆峒山上。20世纪70年代末，墓地还曾被盗。罗洪先的后人族谱里应该有记载，详情我是不得而知。据资料说，罗洪先后人传到第九代，就在石莲洞里吃斋念佛，没有再嫡传下去。

还有一说，罗洪先不是在家中去世的。而是说他在铜鼓县山中行走，迷路走错，夜晚借宿道观。道长看他落魄，竟然安排他在谷仓里睡。由于疲劳过度，又谷仓密不透风，竟然闷死在里面了。后来人们就将他与谷仓一起埋葬，墓地就在今天铜鼓县幽居乡大梅村境内的大龙上。据说用脚去踹墓包，墓内还会发出“咚咚”之声。存疑的罗洪先墓现在成了县级文物保护单位。

罗洪先去世后，谥文庄（有的地方作文恭）。著有《念庵集》二十二卷，《冬游记》一卷。2007 年，作为“阳明后学文献丛书”的一种，由徐儒宗点校整理的《罗洪先集》上下册出版。是书的出版，在文献上解决了很大的问题，必将大大推动罗洪先的研究。

2011 年，南京大学出版社出版的《聂豹罗洪先评传》面世，作者是复旦大学哲学系的吴震，这应是迄今最完整的有关罗洪先的评传。张卫红出版的博士论文《罗念庵的生命历程与思想世界》，近 50 万字，是迄今研究罗洪先的第一部专著。另有硕士论文《罗洪先心学思想研究》、《明代心学思潮中罗洪先的身份体认与诗文创作》分别从不同角度对罗洪先进行较为系统的研究。

“问予此去何所慕？云深恐有高人藏。”一生志在求道、不慕名利的罗洪先，留给我们的当然不是一顶状元帽子的荣耀。他沉密的思想财富，还有待于我们进一步去挖掘、研究，乃至将其精华发扬光大。

【石莲洞情思】

刘英敏

“洞主乘龙去，何时更返槎。岩头明月在，常照石莲华。”

诗，空灵温暖，刻在“石莲洞”;洞主是明朝思想家、地理学家、翰林修撰、状元罗洪先；写诗人是明朝万历进士罗大弘，游石莲洞，追慕“洞主”不已，言其道德文章，如明月般照亮乡梓。

洞在吉水县阜田万华山南麓，位于“石莲书院”前侧。绿树掩映、怪石嶙峋、清幽雅静，鸟瞰，似青莲拥翠，岩上镌“石莲洞”三字。主洞名“佛庐”，可容百人听课。主洞背面上方，石桌、石墩、石床俱在，乃洞主读、卧之所。洞顶筑有“讲经台”，垂檐丹楹，古木簇拥，壁有楹联：“讲席至今存大雅，经台终古壮奇关。”斗转星移，讲经台易为“小蓬莱”，有联曰：“眼前莫道非蓬岛，足下谁知是洞天。”如今香火可观。

《明史》载:谏官罗洪先因职守提建议得罪皇帝,被贬归里,“见山中有石洞，旧为虎穴，葺茅居之，命曰‘石莲’，谢客，默坐一榻，三年不出。”“致良知”、画地图、办书院。

四五百年前的“石莲洞主”，可找到你了!

一路攀爬，一路崎岖。

“思想之蓬岛，心灵之洞天。”——心里，我为石莲洞刻上这八个字。石莲不语，拈花一笑。

阳明后学人数众多,分为左、中、右派,何心隐、颜山农所在的“泰州学派”为左派，罗洪先所在的“江右学派”为右派。左激进，右保守。心隐、山农的家乡在山区，洪先的家乡在小盆地。前者思想峻急，后者舒缓，不知与他们生活的地理环境有关否。将左、右这三个代表放在一起来看，庶几能更全面地看明白“心学”。

罗洪先25岁中状元，珍稀人才，授翰林院修撰，联名上疏被撤职，离开官场，隐居民间。他出生在一个儒教森严的大家庭，父亲罗循是进士、知府，名声不错。罗洪先从小受到严格教育，言行举止、文化修养、人生追求，与众不同。15岁时喜欢上《传习录》，听说阳明在赣州讲学，洪先欲前往拜师。可父亲要他读书做官，光宗耀祖。

25岁，举人洪先奉父命赴京参加会试，与阳明的两位大子弟何善山、黄洛村相识，遇到知音，异常兴奋，一番切磋，洪先愈发崇拜阳明，科举入仕兴趣减弱。嘉靖皇帝朱批他的殿试试卷："学识正道有见地，言论正直而忠诚"，点为进士第一。入翰林院，仕途阳光灿烂。开始，洪先也踌躇满志，但没多久，苦恼官场的味道不佳。状元读的书，讲究仁义礼智信，而朝廷皇权专制，官场尔虞我诈，宦官、武人又不读书。罗洪先了解官场滋味——不是违心就是"违身"，难有益于身心。

心事浩茫连广宇。他大部分时间往来于北京——吉水，沿途察山看水，结识心学名士，差不多有九年时间"不务正业"。35岁时洪先出任谏官，皇上痴迷道教，称病不见朝臣。为太子事，洪先与其他两位谏官联名给皇上提建议，皇帝勃然大怒，当即下手诏深加痛斥，将三人革职。洪先从一个官员变成一介平民，他认为是解脱，可以集中时间、精力"致良知"、"知行合一"了。1546年，他卷铺盖回到吉水，钻进石莲洞，一呆18年。

作为心学的右派（又称"归寂派"），洪先治心学的功夫主要表现为"静坐悟道"，言行举止无心学左派的张扬，谦谦君子也。石莲洞顶上的"讲经台"，一时书香阵阵、"舌灿莲花"。洪先有状元头衔，是理学大师，因批评嘉靖被罢官，石莲洞因之名声大震，全国各地学者纷纷前来拜会或求学，成为江右重要学术高峰论坛。洪先隐居、讲学石莲洞，和他一同罢官的两位后官复原职，来信促他复出。有同乡之谊的当朝宰辅严嵩，也有意他复出。只要洪先愿意，仍可回京任职。他矛盾着、犹豫着，没行动。

石莲洞里外，洪先冬练三九，夏练三伏，骑马弯弓、考图观史，天文、地

罗洪先修身传道的石莲洞

理、典章、术数、水利、战阵，一一精探。于此，可见“言心学者必能任事”，可见洪先入世情怀未绝。

“板凳要坐十年冷，文章不写半句空。”山洞里，洪先完成不少重要著述。其中，精心绘制两大卷《广舆图》，是我国史上最早的分省地图集，还发明了“画方计里（比例尺），在国际地理界有地位。

他主张为文要“开口见喉咙”，彰显心学人物务实风格。其诗文既摆脱拟古派，又无唐宋派的道气。他的行草书法飘逸，有帖派功夫，墨宝在网上拍卖，价格不菲。

洪先还在石莲洞旁筑石莲书院，传道授业解惑。今天，石莲书院不复存在，香港佛教协会在此捐资兴建了“石莲小学”，追慕古风。

洪先中过状元，做过京官，罢官回家，世上的事看得太多，一团乱麻；书上的理琢磨不少，乱麻一团；心学未使他入世，地理难使他立脚，诗书没让他安心。他写了几十首“醒世诗”，下面是其一：

要无烦恼要无愁，本分随缘莫强求。无益语言休着口，不干己事少当头。人间富贵花间露，纸上功名水上沤。看破世情天理处，人生何用苦营谋。

洪先认为自己前世为僧，其父母多年无子，某日到一寺庙，斋僧拜佛求嗣。一僧有病，苦无药服，洪先父母赠其药丸，至为关心。病僧感其恩，死后投生其家。洪先母亲生产时，洪先父亲见一僧跑入产房，刚要喝住僧人，听到婴儿呱呱出生之声。洪先父亲派人到那个寺庙探问，答曰：那个生病得到你们扶助的僧人辞世近一年了。因感灵异，父亲将新生儿取名“洪先”。

有人喜欢唱念洪先的“醒世诗”，下面这首是洪先写给夫人的：

为官终日细沉吟，紫绶无心懒整襟。阳业案前由我造，阴司地府有谁亲。愿将官职为仙职，除却凡心即佛心。寄语贤妻休再问，从今不必问来音。

夫人贤良，此前已看出他弃世的心思，并未阻碍，只是忍耐。而今明了一切，不单任其自由，而且赞其志愿，鼓励他的道行，盼夫日后来度她，完结善缘。

罗夫人答丈夫的诗，满目贞烈、一腔悲哀：

箴书一到拆开吟，读罢儿童泪满襟。烈女不堪重改适，贤夫不必再相亲。君今已悟为仙去，奴也随修舍色身。但愿西方同善会，九莲台畔礼观音。

吟罢酸泪盈眶。看来，先生对家庭已无瞩望，夫人改嫁与否，更是不管。罗夫人从此在家礼佛、教子，费尽苦心。

江右心学泰斗、教化人心的洪先，罢官回籍时，家中尚有田地百亩，衣食无忧。潜居石莲洞，无生计来源，只得变卖家产度日，渐渐成为上无片瓦、下无立锥之地的赤贫书生，和他高中状元、做京官时有天壤之别。

洞中日月艰难，睡的竟是一张石床。李日宣是明崇祯年间吏部尚书，对洪先充满敬意，对他后人的处境深表同情，致书崇祯皇帝说，罗洪先是状元，曾官拜左春坊左赞善，得王阳明的良知真传，因谏言而去职，落籍山中几十年，苦修正学，深为怜悯。他的家业飘零，子孙甚为贫穷，请赐其谥号，对子孙施以恩德。

洪先道学精深，行止异于常人。家乡人说，有人看到洪先在石莲洞得道升天了。他的书法也被染上仙气。故此，石莲洞后来演变为佛教圣地。

洪先最后到底魂归何处？至今无定论。洪先归隐石莲洞，为把地图绘制得更为精确，踏遍山川名胜，广泛收集资料，岳麓书院、山西晋祠等都有他的足迹，故有葬身铜鼓县幽居乡大龙山上一说。

石莲无语，拈花一笑。关于先生的死，其家乡有一个传说，挺神话：1564年农历八月十二，洪先在石莲洞讲学，突然洞外有鸟叫：“甲子年生，甲子与君相见月圆前。”洪先生于甲子年，那年又逢甲子，他听后大为惊奇，次日起床，身体不适，便回老家，第二天在家中去世。大概，乡人用此传说，以挽留这位心学大家浪迹天涯的心，让先生永留家乡世代相传的故事里。吉水《罗氏通谱》载：洪先的子孙传到第九代时，最后一名子孙在石莲洞吃斋信佛，再无后人。

心学泰斗、庐陵状元罗洪先，留给了历史一个决绝而酸楚的背影。

刘同升

【气节如山的刘同升】

彭庭松

一

在吉水县枫江镇陇洲老屋村的“刘氏宗祠”里，一方“鼎元世家”的匾额高悬醒目。在封建社会的科举考试中，一甲前三名，俗称三鼎甲或三鼎元，这前三名就是人们熟知的状元、榜眼和探花。说是世家，指的是这村里出现过一对父子都荣列三甲的美事。父亲刘应秋，明万历十一年（1583）中探花，儿子刘同升，崇祯十年（1637）中状元。这样的荣耀，在科举考试1300年历史中，全国也是极其罕见的。

刘应秋（1547—1620），字士和。36岁时中朱国祚榜探花。历任国子监司业、祭酒等，一生几乎都在教育系统内做官，是个学者型官员。他为官正直敢言，与当时士大夫交往密切。曾作《太学石鼓歌》，中有句曰“金石有磨文不磨，先王后王代有作。呜呼先王后王代有作，斯文天地并寥廓。”对于文章道统的礼赞，跳跃在字里行间。其留存著作，《明史·艺文志》载有《尚书旨》

十卷,《续通志·艺文志》载有《刘司成集》十六卷。刘应秋去世，刘同升中状元后，还曾经给朝廷上书，为父亲争取改谥号为文节，与宋代同县大诗人杨万里相同。

刘同升父子探花、状元匾

生活往往平淡乏味，状元不能没有传说。据说刘应秋在南京国子监做司业，妻子怀孕将产。他对家乡吉水好文风充满自信，决定算好日子，让妻子回乡生产。船连夜经行赣江南下，在住岐鳌山脚下，“哇”的一声，小孩诞生了。接生婆赶紧出来道贺：“恭喜老爷，是个万金。”刘应秋一阵高兴，忙问:“此为何地？”家人回答说:“此地是吉水住岐鳌山”。他顿时喜上眉头，说：“多么吉祥的地方！但愿我儿将来能独占鳌头，高中状元！”

刘同升故里鼎元世家门坊

可是小同升跟神童一点都不沾边。在家乡念私塾时，一年了，大字不识一箩筐，小诗不会背一首。父亲看到十分失望，这哪里有一点独占鳌头的迹象啊。心中一气愤，便操起书桌上的砚台直朝小同升胸前砸去！这一砸，顿时砸开了新天地，小同升的心窍砸开了，从此之后，小同升背功一流，思如泉涌。古人云：“棍棒之下出才子”，对体罚都持赞赏态度。刘应秋仿佛凑上去,给这句俗话送上了一个有力的证据。

尽管刘应秋日夜盼望着长江后浪推前浪，但这浪迟迟不来，他等不及了。在刘同升 33 岁时,这位探花父亲驾鹤西游了。刘同升“少有至性”,在居丧期间，哀痛难已，身体都因此受到很大毁伤。老师邹元标来吊唁，见到他哀痛真挚，深为感叹,对人说:“我们讲学的效果,还真不如那刘孝子的一哭啊。”从此之后，刘孝子的名号就这样传开了。在刘同升的愿望里，是多么希望能让父亲看到自己取得超越的成绩，但这个愿望终究没有实现。子欲显而亲不待，对于这对父子来说，这都会是永远的遗憾吧。

二

刘同升拜吉水乡贤邹元标为师。邹元标是明代东林党重要首领之一，与赵南星、顾宪成号称为东林“三君”。他不惧强暴，仗义执言，敢与张居正、魏忠贤等斗争，虽受尽刑罚不改其志，故民间有谚语云“割不尽的韭菜兜，打不死的邹元标”。邹元标与罗洪先有清晰的师承关系。邹元标的老师胡直，是罗洪先的嫡系弟子，所传皆阳明江右之学。刘同升父子都对同县先辈罗洪先很敬重。他们曾多次游览过罗洪先开辟的讲学场所石莲洞，刘应秋曾作有《游石莲洞有怀罗文恭先生》：“磴道岧嶢入翠微，洞门幽霭石为扉。竭来大士开莲叶，留与仙人振鹤衣。”诗中将罗洪先看成是一个仙风道骨的学者，充满着无尽的怀念。刘同升也作有《游石莲洞怀友》，诗中写道：“小径寻烟霭，悬崖扪薜萝。洞深留月少，苔古积阴多。寂寂年华长，悠悠世态过。王孙游未歇，箫管发山阿。”几十年过后，石莲洞变得如此萧条，同游的人又天各一方，国家形势也如同山雨欲来，这首诗的况味就有明显的涩重之感了。意味深长的是，民间传说罗洪先化作白胡子白头发的老道，点化刘同升在金銮殿对出皇帝出的对联，助他中状元呢。

从罗洪先到邹元标，所传是王阳明的江西心学。但《明儒学案》云：“先生之学，以识心体为入手，以行恕于人伦事物之间、与愚夫愚妇同体为功夫，以不起意、空空为极致。”这段评价明显看出，邹元标的学说是有着通禅的特性，由此可见其学问的复杂与深厚，与传统的心学也表露出很大不同。准确地说，邹元标是心学的修正派，他融合了对时局的观察和变通，所以和当时的东林党趋于一致，自己也顺势成了东林党的领袖。刘同升一生不以学术见长，由于师承的原因，他和东林党以及其继承者复社有着密切关系。

复社之得名，本于“兴复古学，将使异日者务为有用”。据《复社纪略》所载，刘同升是当时吉水县复社登记在册的三人之一。复社当时势力甚大，几乎把持朝政。刘同升与复社中人交往众多，深浅不一，由于掌握资料的关系，本文无从细细叙来。

让人感兴趣的是，刘同升与柳如是、钱谦益夫妇都有往来。柳如是在给汪然明的书札中，提到与刘同升乃“云霄之谊”，“使人一往情深”，以此定义两人为神交。在其诗集《湖上草》中还有一首七律《赠刘晋卿》，当作于刘同升上书被贬斥之时。柳如是同情刘同升遭遇，并为之鸣不平，以为此刻他有点像是南宋状元陈亮一样充满“悲歌意”。从诗和札中可以体会到，柳如是对这位持重的状元公是充满敬仰的。钱谦益有《玉堂双燕行送刘晋卿赵景之两太史谪官》，诗歌好像是一篇命题作文，将两个男人比作是一双燕子，运用了一些深奥典故，让人费解。感觉只是炫耀才学，没有一丁点真情在。

三

刘应秋与著名戏剧家汤显祖是同年，即同榜进士。两人见解多同，意气相投，在政治上多为声援，在文学上意气相求，在生活上相互关心，关系非同一般。刘同升出生时，汤显祖专程前来道贺。两年后，汤显祖女儿詹秀也出生了。由于两家来往频繁，小同升和詹秀一起愉快玩耍，颇有青梅竹马的意思。两家大人看在眼里，乐在心头。汤显祖说：“年兄，我看这一对小家伙挺合得来，要不就此我们结为儿女亲家吧。”刘应秋自是高兴，说:“承蒙汤兄看得起，我这是高攀了吧。”就这样，一桩婚事包办下来了。

很遗憾，生活不是按照希望的逻辑来。也是少年命薄，詹秀不幸早亡，还等不到同结连理的年龄，就独自先去。如同读向秀《思旧赋》，刚一开头就煞了尾，这人生过得想哭都找不到地方。刘同升在惋惜怅惘之余，更加敬爱汤显祖，一生都将他尊为岳父，自己都在真诚地尽“半子”义务。

汤显祖无意仕途，辞官回家专事创作。在临川筑室，室名以玉茗花命名，曰玉茗堂。在房子落成的宴会上，刘同升当场挥毫。为之题写对联："门满三千徒四海，斗山玉茗；家传六七作万年，堂构金汤。"高度赞扬了汤显祖门徒众多的盛况，并预言汤显祖的剧作一定会流传不朽。

由于这样的特殊身份，刘同升得以受教于汤门，所受影响之大可以想见。他推崇汤显祖得山川之所独钟，著作迈越千古，人争相传颂，这绝非是人力所能达到，实际是灵感天授。自己虽然身列玉茗堂门生，汤显祖也经常给自己开小灶，但所惭愧的是始终未能领悟到最精华的奥秘。尽管如此，今天我刘同升能侧身翰苑之上，宰辅之下，真是先生耳提面命的结果啊。刘同升在文章中对汤显祖的赞美发肺腑，总是充满感激、感奋和感恩之情的。不在身边时，刘同升也经常写信向汤显祖求教。有一次，刘同升八股文写好后，寄给汤显祖修改。汤显祖在《与刘晋卿》文中，发表了自己的看法。他认为文章不宜作大修改，因为这样容易伤害进取之志，打击积极性。但应该多看朱熹注解，多读时人写的优秀八股文，久而久之，就会悟出一些门道，文章也会自然得到改观。从这里看出，中过进士的汤显祖对八股文还是深有研究的。只不过这之后，他能摆脱这种陈腐问题的束缚，而直面内心，将戏曲文章作得生龙活虎，因而名垂千古，比肩莎士比亚的。

四

刘同升是典型的大器晚成之人。他虽然"读书刻励"，但"屡困场屋"，时运不济可见一斑。原因在于他自己太过好古，经常以古人自命，而且宣称"文非班马，书非钟王，弗好也"。文章不是司马迁和班固的不读，书法不是钟繇王羲之的不练，这确实是取法乎上，与明代复古派宣称的文必秦汉主张是一致的。但是在只考八股文的时代，好古是悲哀。所谓"当今天子重文章，足下何须讲汉唐"，只要做得八股文章便行，你去研究那些分散时间和精力的历史学有啥用呢？刘同升毕竟没有走功名捷径，他还是依照着自己的兴趣自然发展，即使屡次失败于考场亦不曾有多少悔意。

也许是苦心人天不负，或许是厚积薄发，总之，刘同升在崇祯丁丑年间上演了一出老树新花的好戏。在廷试中，他被钦点为状元。皇帝感情很复杂，既有同情又有敬佩，抑或还有点悲哀，于是问他："状元今年多大了？"刘同升回答说："臣今年五十一，老了。恐怕没有能力报答圣上的恩情了。"皇帝也是哪壶不开提哪壶，白发斑斑了还问人家年龄，不就是嫌弃我老吗？这刘同升也是老实巴交，过于严谨，按照口才学提倡的幽默，你就应当这样回答："三十年前二十一"嘛。也许是意识到尴尬，皇帝马上改口勉励："你呀看上去和少年没什么两样，加油！"当场授予他翰林修撰。功名熬到头白日，家祭无忘告乃翁。此刻的刘同升，首先想到的是黄泉下的父母，于是他"乞假省墓，归"。也许在墓前，刘同升会泣不成声。但到底是好事嘛，关心他的人甭提有多高兴。这不，他父亲的学生绍兴名士王思任听闻消息，还第一时间作诗相贺呢！

重返朝廷不久，就与杨嗣昌夺情事件杠上了。所谓夺情，就是在为父守丧期间，根据国家的需要，夺去人之孝情，可以不守孝三年，照常上班。在封建伦理森严的明代，对夺情有严格的条件，一般不会轻启。明朝法律也明文规定，"内外大小官员丁忧者，不许保奏夺情起复"。杨嗣昌经皇帝默许，要求夺情，自然引起了强烈的反弹。刘同升积极参与何楷的弹劾行动，被誉为"夺情五谏"之一。刘同升的这一行为获得了不少人的表扬，有人说："明阁臣李贤夺情，罗伦争之而见黜；杨嗣昌夺情，刘同升争之而被谪。皆状元也，可为科目增光。"为了这所谓的夺情之争，邹元标当年弹劾张居正，还被杖打八十，远贬贵州呢。

在体制内，凡是反对皇帝的，都没有什么好结果。刘同升因此事件谪为福建按察司知事。还没有去上任，国家就发生了伤痛巨变。李自成攻入北京，崇祯皇帝煤山上吊自杀，清兵也一路追杀而来。听到这个消息后，刘同升"痛哭几绝"，并招募兵士要兴义复仇。南京福王立，召他前去做官，他没有应召。第二年，福建唐王立，他与杨廷麟、李永茂一起商量兴复江西，保守赣州。

唐王听闻便嘉奖他，诏加他各种官职。刘同升于是建忠诚社，招致四方豪健。不久便召集差不多两万人，乘势克复了吉安和临江。唐王擢升他为兵部左侍郎，巡抚赣州。而刘同升由于长期的积劳，老病发作。这年十二月，在赶往于都巡视的路上病逝。唐王惜之，赠东阁大学士，谥“文忠”。

刘同升的儿子季矿跟随父亲在福建举义，后随着南明流亡政府进入湖南，官至兵部右侍郎。季矿“志节清峻，高自标举”，“娶李元鼎女，元鼎降清，季矿遂出其妻。”永历三年春，他统帅义军不力，在士兵哗变中被杀。季矿兄长伯钦、仲錞，都是清节之士。伯钦因为不剃发，为清朝官吏关押在南昌狱中，不屈。释放后不久就去世。仲錞抗节不仕清，隐于梅川，不知何年终。

疾风知劲草，板荡识诚臣。在山河变异，朝代鼎革之际，东林、复社成员大部分还是表现出很好的气节。在刘同升榜中，像陈子龙、章旷、夏允彝等都是复社成员，他们后来都壮烈殉国。崇祯丁丑榜，几乎要成烈士榜了。

“千行马上思亲泪，一寸阶前报主心”，刘同升在中状元之后马上吟出的这两句诗，表现了他忠孝之义，拳拳之心。他也用实际行动践行了忠孝，可谓“庶几无愧科名”。他被誉为“东林中祥麐威凤”，气节如山，和乃师邹元标一样。“成天下之事在乎志，胜天下之任在乎气”，刘同升所言，体现的不正是节义铮铮的风骨么？

据载，刘同升有诗集《锦鳞集》，有的作四卷，有的作十八卷。陈寅恪先生以为前者或是初作，后者或是续作。另有《音韵汇编》《明名臣传》《文苑英华删选》《金石宝鉴录》等。著作涉猎甚广，也很繁富。或许是因为抗清的缘故，在清廷看来，文字多有违碍，他的作品最终似未曾收录于四库全书。

刘同升墓不知尚存否？清代所立状元坊，在县城文江门外，今已不存。“寒泉落木疑丘壑，瘦马深衣自往还”，有着隐士志向的刘同升最终在抗清斗争中忧劳而卒，相对于家国来说，个人情怀只能融入其中了。“秋蛩若为怨，砌冷不堪听”，在人生有限的年华中，不幸亲历战乱和朝代更迭，其中的悲欢离合又有多少人真正能从心中痛悟深感呢？

在寒风萧萧中，我笔下写着刘同升，心里不由自主想到文天祥了。两位庐陵状元，在山河易代之际，用行动和生命为“文章节义之邦”作了注解。

【牌坊下的凝望】

啸　鹏

曾经多少次从这座牌坊不远处经过，于是曾经多少次对自己说，一定要找机会来这里看一看！然而，又曾经多少次未能成行。

这座牌坊，是一个标志，一个目的，一座丰碑，一份吸引，一种向往，一个重信践诺的现实见证！我终于来了，冒着酷暑炎日，来兑现自己的诺言。

这次成行，原本应该早于此行半个月。那一日，计划是上午在牌坊所在村庄不足千米远的另一个刘姓村庄，下午再来这里。然而人算不如天算，那日午饭前的一次小意外，左踝严重扭伤，瞬间的肿大加上锥心的疼痛，让计划往后推了半个多月。

牌坊位于村庄的前方，高大宏伟，重建于公元1996年，材质为钢筋水泥。牌坊的正面楣额上书着“状元坊”三个大字。没错，这里就是明朝崇祯十年状元刘同升的故里，吉水县枫江镇联合村刘氏老屋，原始的“状元坊”还是崇祯皇帝旌表敕建的。牌坊边柱上镶有一联：千行马上思亲泪；一寸阶前报主心。这是刘同升考中状元后即兴吟咏的一副对联，表达了自己忠心报国忠君的丹忱。牌坊四周是新拓的一块小广场，铺设了水泥地面，在这火热的三伏天里，有如蒸笼烤箱，热气灼身。

村支书不是本村人，姓袁，听说我来寻访状元故里，特地赶来。老屋村则先后有一老一壮凑上来，热情地招呼。老人今年74岁，对村庄历史文化特别崇敬，热情地给我介绍着最令他们感到自豪与骄傲的点点滴滴。状元故里位于赣江西边大约一公里处，如今叫作老屋，过去称为老居。从刘大叔的介绍中知道，这里是周边刘氏最早开基居住的地方，后来人丁繁衍增多，逐渐迁徙到周边另行开基定居，因此将这个祖先肇基的地方称为老居。村庄地势平坦，坐北朝南，以鹿峰为望，以赣水为靠。鹿峰山多峰并排耸峙，状如笔架，因而又称笔架山，意为文风之所在。

牌坊正面主柱上镶着对联：“笔架山舞文声鹤起；赣江水起紫气东来。”这副对联让我这个略懂对联的人看了，心里颇不是滋味：一来位置贴反了，上联占了下联的位置，下联则占了上联的位置。二来平仄不谐，上联的“山舞”之“舞”字，应当换个平声字才妥，比如说“山高”，就解决了与下联平仄相反的问题。三来有两个位置不规则重字，这是对联撰写的大忌之一，上联下联同用了一个“起”字，极是别扭，倘若下联的“起”字改为“涌”字，问题就解决了。这样一来，全联就变成“笔架山高文声鹤起；赣江水涌紫气东来”，意思不变，读着顺畅。我分析，其旧牌坊上应当有这么一副意思大致相近的对联，因为日晒雨淋风化而失去了原貌，后人记得一些词眼，却又记不真切完整，重修时靠回忆写出来，又没人懂得平仄相反等对联规则，重镌上去，就成了如今这副样子。对联匾额所选用的字体，又一律来自电脑扫描，有几分俗气，让我等对文化颇为敬畏的人徒叹无可奈何。这类例子在农村牌坊和宗祠上屡见不鲜，实为可惜可叹。

转到牌坊背面，楣额上书有大字“父子鼎元”，主柱上对联则是“同升升到凤凰池眼见天子；崇祯斟起紫霞杯手捧状元”。鼎元一词，意为前三名之内，是科举考试的术语之一。元，即首，就是指头，引申意义为第一、首位、鳌头等。鼎，是上古时代的一种祭祀重器，引申指国家重器。因而用来形容或比喻科举殿试录取中的前三名。科举考试时代，殿试录取分为三甲，一甲只有三名，合称鼎元，意指前三名鼎起一甲，因而又称鼎甲。刘同升和他父亲刘应秋先后考取探花和状元，都是前三名，所以被誉为“父子鼎元”，创造了吉水历史上的一个传奇，叫作“父子鼎元家”。所以牌坊背面边柱上的对联就为“鼎元世家宗风万里，忠孝节义浩气千秋”。

至于那副嵌名谐音联，传说是刘同升殿试时，比试完所有科目后，与第二名水平不相上下。崇祯皇帝左右为难，无法取舍，久久不能钦定状元的归属，于是灵机一动，最终以即兴对联的方式来决出胜负。崇祯皇帝当时端着紫霞杯正在喝茶，即事即景，随口吟出下联作为出句，“崇祯斟起紫霞杯，手捧状元”，让刘同升与第二名当场应对。这出句的意思是：我手里端着紫霞杯，却无法确定你们二人谁是状元，还捧在我手里，让我为难。其中最难的关键点是“祯”与“斟”的同音顶针技巧。刘同升脑瓜子反应快，迅即以自己的名字对道：“同升升到凤凰池，眼见天子。”而第二名此时还在搜肠刮肚、冥思苦想，顿时落了下来。崇祯皇帝当即朱笔一点，刘同升就成了状元。传说，这比对句还是刘同升出发前往京城参加会试之前，一个白胡子老爹托梦给他的。还有说法是，这个白胡子老爹就是嘉靖年间吉水状元罗洪先。

离开牌坊往刘氏宗祠走去，中间经过一处低矮的弧形碑墙，正面无字，转

刘同升故里状元坊

到背面才看见上面镶着“半月池”三个大字;其下还有两行小字,曰“珍惜探花、状元遗迹，人人有责，公元二OO七年丁亥秋重修”。碑墙东侧有一小型半圆形池塘，一般而言会称之为“泮池”，并且位于书院、私塾的前面。因此，我问刘大叔小池塘后面过去是不是有个书院或私塾，他说不知道，只知道的书院在宗祠右前侧，两排旧式房屋中间。外观与周边完全一样，但走进门去就能发现，它比普通民居短了一大截。可以断定的是，它不是书院，最多是私塾，但它内部的空间，让我连它是私塾都存有怀疑：如此狭小的空间，如何容纳莘莘学子摆下课桌板凳以求学呢？因此，我大胆推测：这里只是原书院或私塾的房屋，因什么缘故被毁之后的临时性安顿之所，但由于后来一直没有恢复原有书院或私塾，因此这栋局促狭小而又逼仄的房子，才成为老屋村人们口中的“书院里”。

泮池旁边没有书院，泮池便不能再叫泮池了，得改名。改什么名好呢？恰有刘同升之父刘应秋应考的典故，于是就叫了半月池。相传，仪表堂堂的刘应秋考中探花后，与一众新晋进士们共赴琼林宴，在宴席上接受皇后娘娘的披挂之赐。皇后娘娘给刘应秋披挂之时，才发现仪表堂堂的探花郎竟然只有一只眼睛，于是忍不住嘟哝了一句：“独眼龙何能中探花？”机敏的刘应秋从容应对道:“半边月也可照天下。”从此其才名更是广传四海，远播千秋。于是，这位探花郎的故里人便将这口小池塘命名为“半月池”，并树碑以纪之。而更神奇的传说下文是，万历皇帝见刘应秋如此机敏迅捷地对答了皇后的上句，便随口问道:“爱卿如此有才，何不再考个状元？”刘应秋沉吟了一会，答道:“我考中探花已经非常不错了，考状元的事，还是让我儿子来吧。”不知这是教子有方的自信之语呢，还是冥冥之中命运安排的随口之言，后来刘同升果然考中状元，践行了刘应秋在万历皇帝面前的诺言。

到得刘氏宗祠门前，感觉其形制独特：正面门坊两侧，相连的不是围墙，而是翘垛人字顶，远看如振翅欲飞的大鹏。询问刘大叔竟说不出缘由。门坊顶上两匾：一匾略小，居上，曰“和谐吉祥”，一看便知是近世之作，原有匾额与对联均在“破四旧”中毁坏，祠堂在牌坊重建之年同时进行了修缮。另一匾曰“鼎元世家”。字体均为手书，风格虽然朴拙洒脱，却不耐琢磨品味，尤其是匾的两侧楣联有些逊色。联曰“前有笔架山，后有赣江河；昔有父子颂，后人超前人”，一览便知是民间顺口溜，完全不是对联，可能是村民觉得这几句顺口溜有点意思，说出了村庄的堪舆环境与人文典故，修缮宗祠的时候把它作为对联刻了上去，却不知这样反而有失“鼎元世家”的身份与品位。若想使它有点古意，去掉顺口溜的俗性，则需做些修改与调整，擅自一试，“前临笔架山，后靠赣江水；昔闻父子颂，后俊胜前贤”，看看如何？

进了门坊之后，宗祠厅堂中走出来一位中年村民，引导我观看门坊的内面，门顶同样二匾：上一匾曰“司理旧第”，下一匾曰“伯爵世家”，并告诉我说，下面一匾是原迹，一直没有遭到破坏，因而至今保存完好。上一匾则是修缮时补上去的，而且书写顺序也是依照现代格式从左至右。

来到宗祠的中门，门上镶有猩红底色金色文字的对联，曰“状元探花尚书第；金马玉堂学世家”，横额“父子鼎元”。这是彰显家世荣耀的联语，1996年修缮时镶嵌的，所选材质为普通大理石，所用字体为电脑输入的舒体，还过得去，却因一个错字而让人大倒胃口，“学世”明显是“学士”之讹。

宗祠正厅，显得阔大宽宏，正上方悬挂“状元及第”竖额，黑底金字。虽然重修于1996年，但字体却是仿照原件的，因而显得古朴遒劲，耐得品味端详。

进入上厅，彰显荣耀的牌匾挂了三块：居中上首为“司理旧第”，右侧小字书曰“南洲始祖刘方兴”；居中下首为“探花”，右侧小字竖行书写三列，曰“万历壬午年江西解元、癸未年赐进士第一甲第三名刘应秋”，左侧书曰“公元一九九六年丙子秋重修”；右为“状元”，即为刘同升所立，规制如同其父之匾。

离开宗祠之后，便在其左右两侧的巷道中穿行，寻找旧宅故屋上所遗留的文化痕迹，所剩无多。

一栋乱石砌就房屋，即坐落在宗祠东侧，其右后直墙裸露着垒砌规整的石头和砖块，一众寻访者都赞叹老工匠们的过硬手艺，颇为不屑地说“如今的泥水匠哪里有这个手艺？他们根本就做不出这样的活来”。这堵直墙大多仍然被石灰泥覆盖，仅这一角是裸露状态。这时来了一村民，问我们知道什么原因不，众人皆不解，各自寻思着。他却接着说，这房子原先是地方家里的，他做生意，这个房间用来堆盐，是盐水造成了这堵墙的腐蚀。

乱石房屋之后是前后两排剩余的两栋青砖房屋，原先都是地主家的财产，土改时期都分给了贫苦农民，一家一角，因而至今缺乏有效保护，幸而当初建筑质量十分过硬，如今才依然屹立于世人眼前，保存着清末民初的建筑艺术以及依附在这两栋房屋上的文化遗存。在后栋左侧的门楣上，依稀可辨认出一些字体的轮廓，横匾曰“鸿运轩”，对联曰“×× 山林乐；×× 天地春”。后栋右侧门楣仅有横匾“鹿峰拱秀”还很清晰，两侧对联一边淡化，一边脱落。

我想寻找刘应秋、刘同升父子居住的旧宅或其具体位置，刘大叔说“不知道”，不过他告诉我们，宗祠西侧原有前后三排旧宅，与宗祠同时兴建，由于年久失修，早已颓圯，前几年新农村建设时被拆除、推平，如今此处铺设了水泥，成为村民活动的广场，前半部分安装有一组健身器材，在烈日下晒得发烫，闪着刺眼的强光。可以肯定，当年探花状元父子在村中居住的老宅，就在那三排已经不再存在的房屋之中。如今此处已无实物，我只有默默地注视那个地方，在内心深深的缅怀。

再次回到宗祠大门前面，刘大叔指着两栋相峙对夹的老式房屋中间说，这里就是老牌坊的位置，50 多年前破“四旧”的时候拆掉的，都是红石啊，多好的材料啊！接着，他带着我们到宗祠前面左厢房里，老牌坊上的红石材料就静静地卧在里面，默默向前来瞻仰它的世人诉说着前世今生。数一下只有三块，刘大叔指着旁边几块碎的红石说，第四块被砸烂成了这样。

走出宗祠时，刘大叔问我，门脑上那七块砖，到底是什么意思，到如今都没有人能说得清。我一听来了兴趣，当即让他指给我看，他就指着宗祠大门顶上紧挨着门梁上镶砌的七块大型四方砖：“你说说看，为什么是七块砖？”

七，在我们中国传统文化里，一般代表七星北斗。北斗，又称魁斗。传统科举文化中，魁斗就是前茅，又含有魁星点斗的意思，就是指高中进士，乃至高中状元！刘同升与他父亲刘应秋，一个状元，一个探花，均在魁斗之中。因此，这七块砖的寓意，应当代表了刘氏家族兴建宗祠时的美好愿望，期望子孙后代魁星点斗，高中进士，不至于辱没了宗祠门对鹿峰笔架山的优良风水！刘大叔听了非常高兴，连连说“一直以来没有人能说得清楚。”

临离开了，时已中午，烈日正酷。我站在牌坊下，望着刘氏宗祠，还有宗祠旁边那个被辟为广场的旧时宅基所在，久久不能收回目光。首次状元故里行，还有许多来不及了解的内容甚至秘密，只有等待下次寻访了。本来，我想让刘大叔将其族谱交给我带回家阅读，但他不放心我这个第一次见面的陌生人，始终不肯松口。我也不好强人所难，一切只有留待下次。

下次，得细细寻访！

刘 绎

【辞官兴教的刘绎】

刘黎霞

白鹭洲书院，江西三大古书院之一，自 1241 年创办以来，一直为吉安教育文化高地，无数硕儒名臣任教讲学，他们的学识和品德影响了一代又一代庐陵学子。其中任教时间最长，官阶最高，留下珍贵史料最多，为吉安教育文化事业奉献终身的，当数清末的状元山长——刘绎。

刘绎（1797—1879），字詹岩，永丰县人，江西最后一位文状元。吉安，在明代的 277 年间考取了 12 位状元，可在历时 276 年的清代，属吉安籍又是在家乡生长求学而考取状元的，只有永丰县的刘绎一位。

刘绎年少时就以谦虚好学，文采出众闻名乡里，被推荐参加乡试。乡试前，父亲叮嘱他：“倘得外用，毋轻就”，乡试后，刘绎谨遵父命，请求担任教职，被授予宜黄县教谕。父亲很欣慰，认为此官“不失读书本色”，希望儿子还要继续读书，争取更高的功名。道光十一年（1831），刘绎中举。道光十五年（1835），高中状元。这一年，刘绎 38 岁。

中状元后，刘绎先任翰林院修撰，由于他学识渊博，又有丰富的基层工作经验，两年后就入值南书房，常在道光皇帝身边，参预军机要务。道光十八年（1838），刘绎出任山东提督学政，主持了一届山东省乡试，两年后任职期满回朝，仍入值南书房。道光皇帝特别关照这位状元，知道刘绎父母俱在且身体不佳，为了不让他牵挂，特地批准他父母入京，居住在禁内橙怀园内，以方便尽孝奉养。

道光二十年（1840），鸦片战争爆发。忧国忧民的刘绎对鸦片之害深恶痛绝，多次上书朝廷，列举鸦片对国人的摧残，认为："官吸之则废事，兵吸之则废守，富者败家，贫者丧身"，以致"士风流入卑污，壮佼变为盗贼，蔓延流毒，日见其多"，禁烟必"先穷其本"。面对帝国列强的侵略，他强烈建议朝廷不要向列强屈服，不能答应他们赔偿烟价与战费的无理要求。否则如同"以肉投犬，以饭饲丐，愈引愈前，愈禁愈多，未有了时"。对进入长江的侵略者，他主张"沿江固守，不必与战"，以消耗其粮食、弹药，再"以大兵转之于海口，悉力防堵，断其归路，使之成为釜底游魂"。可是，软弱无能的清政府并没有采纳刘绎的建议，一味向帝国列强卑躬屈膝，割地赔款以求暂时的安宁。

面对这样腐败软弱的朝廷，道光二十一年（1841），刚正不阿的刘绎产生了辞官之念。加上自父母入京以来，水土不服，身体每况愈下，身为孝子的刘绎借此向道光皇帝请准，回乡侍奉双亲。

刘绎辞官回乡的第二年，就被知府李熔经聘为白鹭洲书院山长，次年，又兼任青原山阳明书院山长。此后数十年间，刘绎一直热衷于吉安的文化教育事业，不仅主讲于白鹭洲书院和阳明书院，并在吉安许多书院讲学，为重振庐陵文风不遗余力。咸丰元年（1851），经过七年悉心育人，终于结出丰硕成果，这一年秋闱，刘绎有8名学生中举，沉寂多年的吉安科举再现辉煌。捷报传来，刘绎欣喜不已，遂成七律一首：

文章命达欲重谕，满院秋香桂子繁。二水往来争彼岸，八元名姓烂吾门。过风莫羡鸿毛顺，接翅终期凤羽骞。惭愧年年树人计，相看桃李岂无言。

然而，吉安教育事业刚有起色，就爆发了太平天国农民起义。咸丰三年（1853），太平军战火烧到江西。江西，由于扼长江中游，是拱卫太平天国帝都天京的门户，加上是产粮大省，物产丰富，遂成为太平军与清军争夺的主战场。咸丰六年（1856），太平军占领吉安，时间达三年之久，直至咸丰八年（1858），清政府才收复吉安。受局势影响，两所书院被迫停止办学，刘绎回到永丰老家带着母亲东躲西藏。

此时，内忧外患的清政府实在无力清剿这支农民起义军，令江南诸省组建团练武装，与太平军抗衡。在家奉母的刘绎面对太平军的烧杀抢掠，慨然担当，在乐安、吉水一带帮助地方政府训练乡勇，号召大家共同抵抗太平军，保卫自己的家园。咸丰十年（1860），刘绎接到朝廷的委任，任江西团练大臣，加三品京堂衔。任团练大臣期间，刘绎不辞劳苦，带领乡勇与太平军奋战，保全了不少地方。第二年，江西境内太平军基本扫清，朝廷撤销团练，召刘绎进京，想再次重用他，但此时刘绎已年近七旬，无心也无力为朝廷效力。他心里牵挂的，是白鹭洲书院的兴复。

同治二年（1863），吉安知府曾省三再次延请刘绎任书院山长，谋划复建书院事宜。经过近一年时间，筹措到了不少资金，重新置办了书院学田院产。不想，曾省三因母故丁忧离职，书院复建之事暂被搁置。但刘绎并没有放弃，一直为书院复建之事奔走呼吁筹措经费。

刘绎书白鹭洲书院联

历经咸丰战火的白鹭洲，环洲护堤亦悉数毁坏，树木植被多被烧毁，书院建筑更是被摧毁殆尽。要在洲上复建书院，首先得固本强基，修筑护堤，培植树木，工程浩大非一日之功。而停办了十余年的书院必须尽复办起来，刘绎谋划着，先在城中找一处地方把书院办起来，同时在洲上植树筑堤，待时机成熟再复建书院于白鹭洲。

他的想法得到了新任吉安知府定详的支持，同治七年（1868）八月，定太守向吉安府所属的十县下发了《定太守行十属劝捐移建书院文》，文中写道：“鹭洲旧基尚须培树，堤防河水诚恐未坚，现移建于隆庆寺废址。……已择期起局兴工，所有经费，自应合属酌量派数劝捐以济，……望切切切。”将建书院的经费分派到吉安府所属的十个县筹措，书院复建终于启动。

隆庆寺废址在城西仁山之上，即今天中心医院与仁山坪小学交汇处。仁山，那时的地势较高，站在山顶东眺，赣江与白鹭洲尽收眼底。新建的书院题额为白鹭书院，同治七年十月动工，次年十二月落成，讲堂号舍祠堂等大小房舍共100余间。

重建书院于仁山虽为尽早复学的应急之举，刘绎心中还是有几分无奈与忧伤，他在《重建白鹭书院记》中写道：“嗟乎！舍洲而陆，名存而实未尽亡已，令人有沧桑之感。”

刘绎为教，始终坚持“默承渊源，推阐往绪，昌明正学，鼓舞善类。以省察躬行为本，以经明行修为要”的办学宗旨，注重引导学生研习古代经典，修身养性，正心明伦。他认为教育的目的是明人伦、正风俗、知廉耻、守气节，他在《重建白鹭书院记》中写道：“吾儒之所以讲学，不外明伦，人心由是而正，风俗由是而厚。若乃熏心名利，廉耻弗顾，而机巧自矜，读圣贤书苟不能择善固执，将随波逐流，一任江河之日下，夫岂重建之本意耶！”

在推进书院复建、办学的同时，刘绎还承担着一项重大且艰巨的工作——志书编撰。同治初年，清政府下令各地编修地方史志。受江西巡抚刘坤一嘱托，刘绎担任《江西通志》总纂。后又相继担任《吉安府志》《永丰县志》总纂，与此同时，还组织了《白鹭洲书院志》的编撰工作。十年间他埋身于浩瀚的史籍之中，殚精竭虑，组织人力夜以继日废寝忘食地精梳细理，拨云见日，几部志书相继于同治末年、光绪初年修成，为江西、为吉安、为白鹭洲书院，留下了珍贵的历史记录。而其中的《江西通史》与同时期曾国藩主修的《山西通志》，在方志史上誉为“志坛双璧”。

投入志书编撰工作时，刘绎已年近古稀；完成志书编撰时，刘绎已是耄耋老人。同治十年，《白鹭洲书院志》修成；光绪二年，《吉安府志》修成。光绪四年，刘绎走完了他的人生，时年 82 岁。

刘绎生活在清代朝廷没落衰退的时期，难以施展治国安邦的才华，只得在家乡传道育人，把希望寄托在后代身上。贵为状元的他，一生从未放弃对学术、对知识的追求，一直为家乡的教育文化事业殚精竭虑，直到生命最后一刻。正如他在《八十自序》中所言：“平生进未尝有一日之诡遇，退未尝有一日遐逸。”而他，也以其丰厚的学识和优秀的品德赢得了后人的赞誉，称其“道德文章与欧阳修前后辉映”。

也许，刘绎此生唯一的遗憾，是没能见到白鹭洲书院重回洲岛的那一刻。光绪十年，即在刘绎去世后的第六年，白鹭洲书院重新迁回白鹭洲上，规模更加宏大，建筑更为精美，成为江右书院之最。而刘绎倡建的白鹭书院改名为阳明书院，延续办学。阳明书院后多次更名，在民国时期曾改名为江西省立第七师范学校，这所学校在土地革命时期成为吉安共产主义的摇篮，在这里诞生了吉安第一个党小组，培养了一批革命先驱、仁人志士。

1929 年，改为吉安府中学堂的白鹭洲书院，拆除旧的书院大门，原址新建西式教学楼——中山院。时任校长谭家湛敬仰刘绎的学识品德，保留了书院大门的四根红石柱，镶嵌着两副红石楹联：一副为“鹭飞振振兮不与波上下，地活泼泼也无分水东西”，另一副为“陵谷经几迁此处依然为砥柱，江河同万古斯文有幸见回澜”。这两副楹联的书法均为刘绎所书，笔法遒劲，字体雄浑，神采俊逸，堪为书中上品。“鹭飞”一联为书院大门旧联，刘绎重书，而“陵谷”一联据说为刘绎亲撰。

恍惚间，它就像刘绎挺拔的身躯，睿智的神情，每日凝望着赣江上的江帆云岫，注视着来往穿梭的莘莘学子，守护着白鹭洲书院千年的荣耀与辉煌。

【躬身拾取状元府遗光】

聂学锋

刘绎是清朝道光十五年（1835）状元，且是江西最后一名文状元。他曾经在庐陵白鹭洲书院及青原书院作主讲，主持白鹭洲书院30年。《江西通志》，《吉安府志》《永丰县志》三志均都委刘绎为总纂……看着一行行对刘绎的介绍，我对刘绎充满了一种好奇。虽然通过网络和书籍对刘绎有一定的了解，但是总有余犹未尽的感觉。为了满足自己的好奇心，我找到了刘绎的后裔，第七世孙刘老师。

那天，我俩聊得很投机，他同我聊了很多刘绎和刘家的轶事，其中，很多是我第一次所闻。说也奇怪，那天上的霞光形影不离地紧跟着我们。刘老师提出去状元府看看。我很疑惑，状元府不是早就不存在了吗？！

刘老师把我带到原永丰县委大院后面的驼背桥旁边，指着原大院说，原县委大会议室就是状元府遗址。然后指着路边挨着院墙的一口井说，状元府原先有两口井，前后各有一口井，这口井是前面的一口井。望着这井，我宛如看到它和后门的另一口井，依然井水清澈，泉源不断，生命之水还在喷涌；还看到刘家取水者继续在络绎不绝取水。这是一口了不起的井，它曾经维系着宏伟的状元府中众多的刘家人。

状元府正门两边的院墙是一色的粉白，门楼飞檐翘角，大门两边两只高大的石狮雄距。宽阔的大门的门框是用大红条石做的，两边的石刻对联是刘绎状元的手书。上联是：承曾罗而大魁继往开来屹作中流砥柱；下联是：绍程朱而讲学守先待后长悬奕世楷模。门楼正上方有一块长方形蓝底金字匾额，上书“状元及第”，在此上头还有四个大字：“蓬莱第一”。

整个状元府大院布局结构紧凑，错落有致。左侧有养马房数间，还有一座家庙。状元府、官厅上及通议第三个建筑紧密相依，秋官第紧随其后。还有后来陆续建的花厅内、旧卢内、恒丰福记、大夫第、勉四堂、桥子书院等，形成了一个庞大的建筑群。它把清式建筑中的斗拱交错，黄瓦盖顶，极巧妙地运用，赋予了状元府极精美的艺术。

状元府的后面是一口池塘，是原来状元府的遗留物。我与刘老师坐在池塘的柳树下，倚傍在状元府见证人的怀抱，充满了幽趣。青翠的柳叶与碧水辉映，一波又一波的澜斑，逸趣横生地述说着刘家的轶事；我静静地倾听着刘家族群的过去。

刘绎是汉朝刘邦皇帝最小弟弟楚王刘交的后裔。系出彭城，发祥于唐尧。历数十代后，因五代之乱，由彭城渡江南，居庐陵，迁临江（今樟树市）。宋朝初年，太保式公举进士。式公喜欢读书，家藏书万卷，号墨庄，由此，刘绎一支一直美称为“墨庄刘氏”。后来，先祖从临江徙峡江马埠，又分居永丰达溪兰村，在清初年间又迁居永丰城南。从此，墨庄刘氏开启了辉煌的一页，缕缕墨香散发出无数震撼的诗行！

清朝道光十五年，桂轩十九世孙刘绎，字瞻岩，殿试进士第一，被钦点为状元及第，后点翰林院修撰，放山东提督学政，官至江西团练大臣，授刑部主事，文学宦业，一时名扬四海。

刘绎先祖式公之子五人，皆登第而仕，其孙公是、公非，兄弟同榜，兄任集贤院学士，弟任中舍人，有临江二刘之称。曾孙奉世，亦中进士，官至端明殿大学士，从而世称三刘。文章事业，彪炳史册，甲于临江。刘绎曾祖父，十六世刘大章，以孙得职，赠儒林郎。刘绎祖父十七世刘浣清因孙累赠奉直大夫，三品卿通议大夫。刘绎母亲，寿 94 岁，皇帝敕封淑人，并亲笔题词旌表五世同堂，刘绎家族一荣俱荣，风光无比 。

在状元府家族光彩夺目，盛极一时时，传来了熟悉的歌谣，闪烁着欣谢的情感和悠悠的怀念。刘绎曾在状元府的父母居住的官厅里，写下楹联：“皇恩许住直庐记万里蓬莱曾依子舍，天语犹荣归路念百年桑梓此是根基。”桑梓之地，父母之邦。刘绎对父母怀有深深的感恩之心。

刘绎的父亲刘振，随其父从永丰城南迁往白水门的航陂上村居住。几年后村里瘟疫突发，刘振父母双亡，无奈中刘振只身避逃到县城。刘振在集市觅工。到午间，忽感腹饥，见一排档锅内酱煮豆腐煞是诱人，坐下要了几块一尝，颇感香鲜可口，于是顿生觅工念头。通过与豆腐老板的交谈，得知豆腐香鲜可口是因为斜对面刘老六的酱好。通过仔细观察，发现酱店生意兴隆，思之再三，认定做酱是一条出路。于是，刘振次日一早直奔酱店，然店未开，徘徊良久，店主刘老六瞥见了刘振，通过问话，得知都是彭城一宗，由新渝迁至，且是同族。刘老六见刘振是一诚实青年，即收下为徒。自此，刘振住在店里潜心学艺，他学习刻苦，做事勤恳，刘老六十分重情，学徒期间虽然不付薪资，但是多有赏赐，因此几年下来收入甚丰。

不久，刘振被双江聂姓媒人看中。聂淑人是书香门第，女德贞静，知书达理，父母十分钟爱，择婿甚严。但是其父聂任光一眼看中刘振，十分器重，竟然不嫌其孤贫，不索彩礼，将 18 岁的亲生女儿嫁与大 14 岁的刘振。婚后聂淑人连生二女。不久征得刘老六同意，离开师傅，独立开了一家酱店。夫妻俩辛苦操持，家业渐大，遂在城南盖了一栋青砖瓦房。

经年之后，聂淑人两女渐长却无子嗣，夫妻二人不由黯然。聂淑人本是知情达理的人，每每劝说刘振另娶一室以延刘家香火，而刘振因恩爱聂淑人，一直不允。聂淑人就劝他远赴赣州，觅得生意上的诚信朋友帮忙。一个月后刘振准备稻谷两千斤，雇得一船，由恩江经赣水直赴赣州。寻得同族人刘寻，后将所载粮谷销售得银三十余两。不几日，刘寻偕媒婆引荐一女子来聘。刘振见其年轻身体好，又有几分姿色；而女子也满意刘振。于是刘振取出三十两纹银悉数交给女子。不日，刘振接女子同船家一起回永丰。刘振在满心欢喜之时，忽听见船舱内女子哭哭啼啼。经反复询问得知该女子家有丈夫和一个只出生一个月的哺乳小儿，因为家里贫困，才思得如此下作。刘振惊异，当即退婚，送女子返回夫家。女子丈夫见此跪谢，欲退还银两。刘振取过十两纹银后说：“二十余两银赠你们以渡难关，做些小生意图发展。”夫妇俩再三拜谢。刘振回家后将纳妾经历说与爱妻刘氏听，聂淑人不但没责备丈夫，反而夸奖丈夫做了一件大善事。

三个月后，聂淑人忽得一梦，只见满屋豪光，观音菩萨立于云际，将一星球掷其怀中，醒来腹中似有所动。聂淑人说与刘振听，刘振不相信。过一个月，聂淑人果然怀孕。夫妻俩向天跪拜谢恩，相信是赣州退婚做善事的因果报应。十个月后，聂淑人腹内发动，应聂淑人梦，只见满屋豪光，屋外一片光明。据家谱记载称，嘉庆三年（1797）八月二十一日卯时，于太阳初升之际，聂氏产下一子，乃刘绎也。再过两年又生了一男孩刘缉。聂淑人孝慈备至，家中全仗她治理，井井有条。小姑中年守寡，聂淑人让丈夫迎其回娘家，衣食与共终其身。六十寿诞时，嘱子刘绎勿受诸生及亲友庆祝和贺礼，晚年随子赴京城和山东等地生活多年。太平军占领永丰后又随子避居吉水、乐安和本县南部山区，颠沛流离，毫无怨言。刘绎小时，聂淑人教其识字，如欧母画荻教子，

刘绎题屏（江西古舟岛文化旅游开发公司藏）

堪称贤妻良母。

状元府的选址，与聂淑人息息相关。刘绎是聂家外甥，他高中状元后，双溪聂氏以状元为荣耀，特意把坐落在靠县邑南门的聂家最好宅基地赠予他。状元府坐北朝南，前面有恩江河环绕流过，左边是恩江大桥，似一把剑，象征着武；右边是状元楼，如一个墨宝，象征着文。在状元府的楼上，藏有用颜体书写的诗赋一首："青山向背筑新府，龙蟠洲上望高庭。回环曲折五阙里，飞檐画栋耀彩虹。东院西坊时青绿，翠竹红花映日明。雄踞城南望东西，一抹斜阳挽春风。"字体苍劲淳厚，结体宽博而气势庞大，骨力遒劲而气概凛然。看过这诗的人无不为那颜体真迹而赞叹。

这首用颜体书写的诗赋是刘绎儿媳邹安容之作。刘绎中状元后，对建状元府出力不多，主要靠的是他的儿子刘肇光和儿媳邹安容。儿媳邹安容二十岁刚出头，就撑起了刘家上百口人的家业。邹安容从小就熟读"四书五经"，诗词歌赋无所不能。从四岁起就跟随父亲练书法，苦练十二年，练得一手正宗颜体。在状元府落成之日，欣然在状元府楼上书此赋诗。民国时，国民党元老、大书法家于右任来访状元府。他刚踏入府门来到状元楼上后，注目到邹安容所书之诗，惊异非常，久久凝视，赞叹不已。于老对陪同他的刘绎第五代孙、留法回国任上海市公安局长的刘恺钟说，自己的书法远远不如她，然却一时手痒欲书，恺钟忙呼准备。工匠刘有禄仓促之下拆下一扇面板，制成蓝色，于右任挥笔草书四字："笔扫千军"，嵌入状元府的楼外墙上，从此传为佳话。

刘绎的老家航陂上的房子，在解放后修白水门水库，被提升的水位淹没在库水中。可是刘绎中状元后报喜的故事却淹没不了。

刘绎高中状元的喜报，从北京快马加鞭送到永丰县衙门后，知县张缚云感到荣光无比，便组织了个报喜队去刘府报喜。可是到了城南刘家，却见双门紧锁，刘绎家人不知去向。后打听，才知道搬到航陂上去了。原来刘绎进京赶考后，刘绎父母嫌秀才、官吏等经常打扰，便搬回偏僻的航陂上。当时航陂上常有歹人出没，不太安全，乡亲时刻提防这些歹人。当报喜队找到刘振家时，却大门紧闭。大门两侧对联清晰可见。左联是：流水朝阳映千古；右联是：春华秋实延万年。横批是：紫气东来。报喜队敲门报喜，里面就是不开门。报头一时急了，连声大喊“请开门，接喜报，刘绎高中状元啦！”刘绎十九岁的儿子肇光听清了才对祖父祖母说：“我父亲中状元了！”刘振夫妇还半信半疑，要报喜队把喜报放进狗洞给他们看，直到刘振的七叔公大叫是真的，县太爷出现后，才开门接喜报。霎时，整个村子沸腾起来，刘振家院子内外一片欢呼，热闹非凡。

历史需要铭记强者，刘家的后人的情况让我极为关注。刘绎家族庞大，从状元刘绎起始，传至当今包括外戚子孙有三百余人，广布国内及美欧亚澳。

刘绎后裔中杰出代表要数刘绎第五代孙刘凯钟。刘凯钟 1918 年小学毕业后，就读天津南开大学，在丁二班与周恩来同学同寝。后又与周恩来一起留学法国。回国后，刘凯钟历任国民政府南京市民政局长、上海市公安局长、工商部次长、中央监察院秘书长、中央监察委员等职，晚年寓居并病故于台湾。夫人陈兰心便率三男二女旅美定居，儿孙辈获美国哈佛等名校博士学位达十余人，或任大学教授，院士，或成金融专家，或充国际集团总裁，董事长，或执医界之牛耳，或膺联邦政府大律师，或为美籍亚裔领袖，佳景蒸蒸日上。20 世纪 80 年代末改革开放后，刘绎后裔希武三位女儿赴美、加留学、经商，希汉女儿亦赴美留学，皆为海外优秀人才。国内，亦有省、县参政议政者，有清华顶尖名校博士、硕士学位者数十人。有蜚声艺术界、影视界者，有刻苦自学成才者，至若科级、股级干部，中小学校长，教师，医学人员，大学毕业生，则更不一而足。

不知不觉到了中午，在状元府的遗址上，阳光一改骄阳似火的惯例，分外柔和。从刘绎出生时早上太阳的豪光，到现在阳光还在尽情地喷芳吐艳。这一刻，刘绎状元府和刘绎的家族，熠熠发光的美丽，让我忘记了身边的一切。

刘福姚

【刚正秉直的刘福姚】

邹锦良

刘福姚（1864—1911），原名福尧，字伯崇，号守勤，又号忍庵。祖籍江西庐陵，寄籍广西桂林，生于广西临桂县东乡刘家里，光绪十八年（1892）壬辰科状元。刘福姚考中状元后，官授翰林院修撰，后升任翰林院侍读。在翰林院侍读任上多次担任地方科考考官，宣统二年（1910），赴湖北、江西、安徽、江苏考察筹办宪政事宜。他受座师翁同龢的影响极大，思想倾向于变革维新。翁同龢被革职后，刘福姚也受到冷遇，曾为官 11 年未升迁。刘福姚虽仕途极不得意，然而他的文学功底很深，为官之后，目睹中日甲午之战、戊戌政变、庚子之役等重大历史事件，感慨良多，尽抒于笔端。尤其庚子之难时，留身京城，同著名词人王鹏运、朱祖谋潜心词学，作成《庚子秋词》一稿。

刘福姚写诗作词多是抒发爱国抗敌之思想，忧国忧民之情怀，颇能激人肺腑，催人奋进。因此之故，刘福姚成为晚清极有影响的词派人物。非常可惜的是，刘福姚晚年定居上海，以卖文为生，穷愁潦倒，抑郁以终，著有《忍庵词》等书稿。

“家风仁厚”状元公

刘福姚父亲刘济清，号幼芬，是一名诸生，知书识礼，秉性仁厚，济困扶危，誉满一方，因此很受人们尊重。父亲的品行潜移默化影响着他，在良好家风的熏陶下，刘福姚也养成了为人耿直的性格。

刘福姚自幼好学勤勉，博览群书，才华过人。光绪八年（1882），刘福姚应郡邑之试，屡冠其曹。是年，刘福姚参加广西壬午科乡试，考中举人，声名远播。光绪十五年（1889），他考入内阁中书，便在京中任职，虽然并不是正式的官职，但也算是有所成就。在此期间，他聘娶了同乡石子轩太史成峰的次女为妻，但未到一年，妻子便去世。后来又娶曾任台湾巡抚唐景崧女儿为继室。光绪十八年（1892），刘福姚应壬辰科会试，获得殿试资格，并在殿试中一举夺魁。

刘福姚高中状元是比较有韵味的。之所以如此说，是因为自1840年以来，西方列强肆意侵入中国，而清政府却腐朽无能，国势日衰，当时政治改良、革弊除腐的呼声日益高涨。尤其是光绪皇帝亲政之后，更是立志维新，选贤任能。刘福姚正处于这一历史浪潮，在经历了传统与近代思想的双重洗礼后，革新思想日盛。于是他在殿试策中，提出了“改法所以新国”的维新主张，抒发了“非除弊不能开新，无革旍难致强国”的政治抱负。当时的主考官、户部尚书翁同龢，是光绪皇帝的老师，也主张“维新政治、以强国体”。当他看到刘福姚的殿试策时，甚是满意，便把刘福姚的试卷呈送光绪皇帝御览。光绪皇帝也正想选拔人才，以图维新之举，便钦点刘福姚为壬辰科一甲状元及第。

“庐陵品格”状元公

刘福姚科考之路比较顺畅，他中状元时只有28岁，还不到而立之年。消息传来，家乡为之轰动。按照惯例，刘福姚登科后，即被授予翰林院修撰一职，掌修国史，开始了其政治生涯。光绪十九年（1893）五月，刘福姚与礼部员外郎陈璧共同出任癸巳恩科贵州乡试正副考官。光绪二十三年（1897）五月，通政使司通政使萨廉与修撰刘福姚一道出任丁酉科广东乡试正副考官一职。光绪二十六年（1900）六月，詹事府詹事李昭炜与刘福姚一同出任庚子科浙江省乡试副主考官。光绪二十九年（1903）五月，刘福姚出任癸卯恩科河南乡试副考官之职。由于他中状元时处于政局动荡，生不逢时的刘状元也就没有创造出多少值得一写的政绩来。宣统皇帝上台后，刘福姚曾被委派前往江西、安徽、湖北、江苏等地，考察筹办纯属形式主义的所谓“宪政”事宜，但是成效很一般。

刘福姚为官 11 年未得到升迁，新政之后，为翰林院秘书郎，兼学部图书局总务总校，这也是他一生所担任的最高职务。在政治思想方面，刘福姚受恩师翁同龢影响比较大，倾向维新变法。变法失败后，翁同龢失势。作为门生的刘福姚，自然也受到牵连。但十分难得的是，刘福姚一生为人耿直清正，不肯阿谀奉承，他只尊重忠心为国为民的人，不屑与朝中那些蝇营狗苟、钻营弄权的王公大臣为伍。他常对同僚和朋友说：“为官可以无禄，不可无骨。”再加上他是个性格刚烈之人，不会见风使舵，所以，他的仕途基本就此止步了。从这一点上来说，刘福姚是深受庐陵文化的影响。众所周知，庐陵宋代陵曾涌现了历史上著名的“五忠一节”，有文忠公欧阳修、忠简公胡铨，忠襄公杨邦乂，文忠公周必大，文节公杨万里和忠烈公文天祥，明代又有王艮、李时勉、邹元标等，这些忠节义士能够舍身成仁，为了国家和民族的大义，敢于得罪君主，触怒权贵，哪怕被贬官，被流放，被大板，甚至牺牲生命也全然不顾。所以，刘福姚虽然是在广西出生，但他的骨子里流淌的是庐陵文化的基因。

刘福姚虽然在他政治生涯的十几年间，并没有显赫的地位和政绩，但是从光绪十九年（1893）到光绪二十九年（1903）的十年之间，他一直奔走于全国各地的科考考场，替君主和国家选拔士子，这其中也不无玄机。刘福姚科考，本是因为维新思想大臣翁同龢所举荐，亦为立志兴国的光绪皇帝所看重，加上本身文采过人，方才能够状元及第，翁同龢自然成为他名副其实的老师。

因此，刘福姚思想也是倾向于维新的。光绪皇帝任命其在全国范围内选拔人才，正是将选拔优秀维新思想人士的重任交付刘福姚办理，因此十年之间，未成升迁，其一直行进在为国选才的道路上。

“词坛留名”状元公

刘福姚为人耿直清正，不善阿谀之词，故仕途极不得意。虽然在政治道路上并不顺利，但刘福姚的文采进一步却得到了淋漓尽致的发挥。他的文学功底很深，工于诗词、对联和书法。他为官之后，目睹中日甲午之战、戊戌政变、庚子之役等重大历史事件，感慨良多，国事民情尽抒于笔端。光绪二十六年（1900），庚子之难。刘福姚身陷京城，与浙江吴兴的著名词人朱祖谋、同乡王鹏运吟和，作成《庚子秋词》集。在作品集中抒发爱国抗敌、忧患之情。刘福姚工于诗词，是晚清临桂派重要词人。刘福姚等作的《庚子秋词》，为时人争相传诵。时人有“幽瑟沉着，流丽质秀；用事落典，蕴藉幽深”之评语。

刘福姚成为晚清极有影响的词人，著有《忍庵词稿》。广东番禺人叶恭绰编的《全清诗抄》，收录其六篇词作。刘福姚在《思归乐》写道：“易水悲歌燕市酒，容儿辈，椎埋屠狗。揽镜自伤憔悴久。莫更说，健儿身手。落叶惊风吹陇首，暮色起两三亭堠。雁门李广尚在否？只今月明依旧。”当时八国联军侵略的京津一带，正是过去的“燕市”的地方，他用此典故来抒发他对入侵者的愤恨之情，痛斥帝国主义侵略中国屠杀中国百姓。

刘福姚等人所做的《庚子秋词》被现代文学评论家阿英称为“反侵略文学”。刘福姚等用曲折隐晦的笔调，表达了黍离之哀，对慈禧误国的不满以及对外国入侵者的痛恨。

“荣耀故里”状元公

辛亥革命之后，清王朝垮台，刘福姚也就没了工作、没有了工资收入。无奈之下，只好跑到上海自谋生路。据说，他的晚年生活很是艰辛，没有稳定生活来源的他，只好发挥自己会要笔杆子、书法不错的特长，靠给人家代笔，甚至上街卖字换几个零钱度日。作为昔日的状元公，当年是何等风光，如今却落得这样的结局，刘福姚的心情之落寞可想而知。刘福姚晚年的生活经历，说明他几乎是一个被历史、被社会遗忘的状元公，其人生际遇让人为之叹息。

但刘福姚的这一状元，对于广西来说，无疑是有着特殊意义的。首先，就壬辰科而言，该榜除了状元是广西临桂的刘福姚外，其他亦有范家祚、陈福荫、吕森、王家骥、秦士麟、阳凯、郑揆一等七人同时上榜。一个县在同一科中得中八名进士，其中还有一个状元，这是中国科举考试史上的奇迹。其次，就科考本身而言，光绪朝为了招揽人才，开设恩科次数也有所增多，就光绪十五年（1889）到光绪十八年（1892）间，就有三次科考，其中光绪十六年（1890）加开恩科。在这三次科考中，广西临桂籍考生，竟然出现了两个状元，分别是光绪十五年（1889）的张建勋和光绪十八年（1892）的刘福姚。于是，在整个的临桂城中就流传着“一县八进士，三科两状元”的说法。

作为晚清广西的最后一位状元，刘福姚在当地甚是荣耀。至今桂林市靖江王城东华门上，有一块“状元及第”坊，上面刻着广西历史上其中四名状元的姓名，其中就有刘福姚的名字，以此作为后人对刘福姚的一种纪念。刘福姚的状元及第，一方面说明了广西在晚清科举历史上的辉煌，另一方面也说明了作为旧式教育场所的广西贡院，即“靖江王府”在晚清历史上的辉煌。

【庐陵老街状元楼】

陈万洵

状元，在吉安人的精神和文脉中是一种信仰，也是庐陵人文中尤为光辉灿烂的印迹。自隋朝开科取士至清末的千多年中，今吉安辖区先后出了17位状元，民间广泛流传“隔河两宰相，五里三状元”的佳话。庐陵状元意气风发，忠勇节义，清正严明，为国家、民族及地方建功立业。庐陵的“状元文化”，有耕读传家的优良家风，有忠贞报国的民族大义，有追求一流的文脉节气，有为国为民的浩然正气，是庐陵人崇高的精神领地；也有公平仁义良知满街的商贾精神。

我，身为庐陵后人，凭借先贤的庇佑，结合先人的智慧，得吉安文化人的汲养，在风景迤逦的古后河畔建设了集庐陵文化之大成并免费让老百姓休闲游学的一条仿明清民国风格的一条街，名曰“庐陵老街”。一座五层楼高的状元楼巍然矗立，里面供奉着大吉安古庐陵所有人敬仰的状元公和魁星，正是因其点化，才有庐陵的3000位进士、17位状元、18位宰相的光辉永存。庐陵自古崇文重教，有着诗书传家的乡风民风，涌现了一代代饱读诗书的名人伟士，科举状元无疑是其中的典型。我作为受到家乡传统文化熏染的商人，富而思文，兴建这座状元楼，就是希望树立一座文化坐标，召唤更多的人汲取先贤的精神营养，传承崇文好学的传统，重塑庐陵文化的辉煌。

我永远不会忘记，在2013年国庆节后上班的第一天，我和我的规划设计团队带着文本向吉安市委、市政府及其所属部门100多位领导，倾情演说沉寂的吉安如何在全国330个地级城市中脱颖而出，曾经辉煌的庐陵文化如何让全世界瞩目等等。我记得当时的市领导听完我们的汇报后说道，这是新型城镇化下产城融合提升现代服务业的典范，政府鼓励创新求变来发展，要大力支持，希望找到一个真正懂庐陵文化又会用创意创新的力量来帮助我们将庐陵文化物态化、活态化。正是因为我们对市委、市政府领导的激情汇报，对庐陵文化复兴和创新的激情，对庐陵先贤千古功绩的敬仰，我想通过文化产业来激活庐陵文化事业，从而激励庐陵后学饱读诗书考取功名报效国家，才有了越来越多的仁人志士积极参与，推动庐陵人文谷的营造。

我始终记得并多次借用宋代刘辰翁在《习溪桥记》里描述庐陵古城南街的记叙："长街灯火，定场设贾，歌钟列妓，饮占争席，呵道而后能过……"以此来激励我和影响他人，希望历史上庐陵古城的繁华景象，一样可以在现代的吉安庐陵老街再次重现！于是乎我们通过不断的文化活动来活态庐陵，使状元文化的复兴和传扬成为核心竞争力。状元楼的文化定位为以传统"礼、孝"文化为核心，按功能进行划分，根据功能特色分为"开蒙馆""童试馆"状元馆"等。根据游学和研学要求，实施有针对性的课程教学。如开蒙馆，由老师来教《三字经》，解读"四书五经"等；童试馆抄写临摹当年文天祥状元考卷，状元馆还可模拟殿试场景，以及考上状元后的各种仪式等等互动体验的游学和教学。以"读蒙经、抄状元卷、习古礼、学国艺、树正气"体验式教学作为特色，已成为江西省中小学生游学研学基地。

为了让庐陵状元文化享誉天下，我们举办状元文化节。在庐陵老街的状元楼，围绕状元文化，开展演绎与体验式的系列文化活动。孩子们来到这里行状元礼、登状元楼，体验跨马游街。游客朋友可以在这里观赏状元高中盛典、庐陵十七状元事迹、今日状元风采，还能品尝到具有浓郁地方特色的"状元宴"。在状元楼上，还有系列讲学、公益课堂。这些创新的文化传承方式，将庐陵状元文化元素鲜活而生动地呈现给世人，让我们时隔千年依旧能感受"状元"的力量。

正是因为我们从事的是庐陵文化的复兴，我们也同样受到庐陵文化的浸润和感染。作为深耕这块红土地 26 年的吉安民营企业，仁达人为庐陵文化的创新传承艰难奋战。我们深刻理解敢闯新路的井冈山精神，更体会到这块土地上“一个包袱一把伞”经商创业的艰辛，但我们依然豪情满怀，用坚守气节、追求卓越的品格来勉励自己。在庐陵老街的状元楼里的一楼和二楼供奉着我的先祖状元和宰相陈循的雕像。他一生光明坦荡，勤政廉明，我为自己是明代状元陈循之后而骄傲，并以先贤激励自己。我怀抱一颗报国为民之心，祈愿营造好庐陵人文谷，以此代表吉安，款待世界。

【吉安有多少位科举状元】

李梦星

近十几年来，在介绍吉安的新闻媒体和许多人写的乡土文化文章里，为了表现历史人文的兴盛，都会说有多少科举状元。因撰稿者参考的资料书不同，就会出现不同的数字。井冈山大学刘文源教授主编的《吉安古代名人传》中载有16位，市方志办陈阜东编的《吉安史话》中说有18位，中华书局出版的《庐陵古村》中载录19位，江西教育出版社的《江西状元谱》中介绍有17位，还有说20位、21位的。当然，科举状元多几个少几个，于今天的吉安人来说没有多大关系，多一两位也说明不了什么问题。然而令人有些尴尬的是，有外地贵宾和学者就问过此事，提出过质疑，还不好回答。如没有较确切、有说服力的说法，总有些说不过去，有必要分辨一番。我在16年前的2002年7月14日《井冈山报》上，发表了篇文章，分析了吉安状元的状况，十几年过去了，基本观点我依然坚持不变，只稍有修改，现在摘编于下，谈谈一家之见。

现属吉安市辖区范围内到底产生过多少位状元，这本是不难计算的事。可是，由于行政区域变化或统计方法不同，出现了许多种数字。从北宋到清末，属吉安府辖区一共产生了14名文科状元，加上新中国成立后回归吉安的新干县1名，共15名，这是没有任何争议的，地方志上有载。即宋代两名：新干何昌言，吉安县（现属青原区）文天祥；明代12名：永丰曾棨、罗伦，吉水胡广（现属青原区）、刘俨、彭教、罗洪先、刘同升，泰和陈循、曾鹤龄、曾彦，吉安县肖时中，安福县彭时；清代1名：永丰刘绎。

还有几种情况，有的人把状元算成是吉安的，有的人不算。一是原属吉州后划归他郡的。如抚州乐安流坑村的董德元，51岁去考进士，殿试得了第一名，可他中进士前有官禄，按当时的规定不能取为状元，降为第二名。皇帝觉得有点对不起这位老先生，就给他搞了个“恩赐状元”的待遇。他是南宋绍兴十八年（1148）上半年中状元的，流坑村这时属庐陵郡永丰管辖，可就在同年下半年，划归乐安县管了。但永丰人一直把他当作本县的状元，还和其他名人一起建了状元楼纪念。二是小朝廷时的状元。我国历史上出现了几次大分裂，原来的国家破裂了，出现多个政权，如南北朝、五代十国、南明、太平天国等，有的也举行了科举考试。唐代末年，群雄割据，政权更迭，有梁唐晋汉周几朝。南方的李唐后裔，公元 937 年建立南唐，辖区相当于现在的三、四个省。南唐也在 951 年开科举士，庐陵的王克贞中状元。9 年后北宋建立，南唐灭亡，王克贞在北宋做了很大的官。短命的小朝廷南唐，在史册上一般不算正统朝代，取的状元，有的人承认，有的人不承认。吉安的地方志上，没把王克贞当成是状元。可有的书上认为不管南唐是否正统，但毕竟也算搞了科举，有了状元之名，王克贞就可称状元。三是籍贯问题。现在说人的籍贯，一般指出生地或父辈的定居地，也有的追溯到爷爷辈，最多到曾祖父辈。但不能再往上溯了，不然就没了界线。吉安县的刘福姚，是清光绪十八年（1892）的状元。父亲到广西谋生，他在那里出生，就在临桂县参加科举考中状元。吉安县人一直把他当成本县的状元。有的人认为，不在本地考的不算。还有一个叫杨慎，是明正德六年（1511）的状元，朝廷重臣，大学问家，就是写《三国演义》开篇诗“滚滚长江东逝水，浪花淘尽英雄”那位。他祖籍庐陵，六代以前祖辈就迁到四川去了，过了两百多年后中的状元，他自己也一直说是四川人。还有一个叫傅以渐的，是清朝第一位状元，康熙的老师，任大学士兼兵部尚书，很有名气，位高权重。他是山东聊城人，七代前的先祖傅回是永丰县人，明代成化年间去山东做官全家迁往那里，过了两百多年傅以渐中状元。有人却认为，杨慎、傅以渐是庐陵后代，也算吉安的状元。还有个叫笃列国的，是元代至顺元年（1330）状元。他是蒙古人，父亲在江西做官，到永丰县定居，他在永丰生长，后来中了状元。可据考证，江西古代有两个永丰县，属抚州那个永丰后来改为广丰县，笃列国是在那里考取的。有专家搞错了，以为是属吉安的永丰县。

这样看来，与吉安有关的状元达 21 个。但是，这个数字不能令人信服，因为有几个很牵强，从情理和习俗上很难说得通。一个是董德元，尽管他考状元时是吉州永丰人，但考取的当年流坑村就划归了乐安，至今800多年；何况不是正式的状元，是“恩赐”的，还说他是吉安的状元，不太合习俗。还有杨慎和傅以渐，先祖迁出六七代后他们中的状元，自己也从不认为是庐陵人。古代特别注重地方先贤的记载，这两位很有名气和地位很高的名士，为什么吉安府志上从不载呢？因为相隔太久，与祖籍没什么关系，不能算是吉安人。当然，有关县里把他们当作本县的状元纪念，也无可厚非，但难自圆其说。明清两代，无数的吉安人往湖广各省迁移，后代有很多名人，比如多位革命领袖，都不能算是吉安籍的人，只能讲祖籍吉安。但是清代的刘福姚，世居庐陵县，父亲才离开家乡去广西，他应该算是吉安籍，只是“户口”不在家乡罢了。正如现在外地的吉安籍人士，近几十年在外工作生活，他们的儿女也都认定为吉安人。南唐的王克贞，尽管正统的史志上不愿承认他是状元，但毕竟有个状元的称号，也可以算一个。

因此，我认为，除上述所言没有争议的15位外，加上吉安县的刘福姚、王克贞，目前吉安市辖区内科举状元最多17位。近十余年来吉安新建的文博场馆和编印的有关书籍，以及庐陵老街状元楼，基本采用17位状元的说法，说18至20位就不妥了。上面的辨析只是我个人浅见，仅供参考。若有人提出异议，可相互探讨甚至争论，但需拿出更有力的证据才行。

后记◎

吉安古称庐陵，编本庐陵科举状元的书，是我们的夙愿，可一直难以实现。主要原因有两个：一是状元的认定问题，因行政区划的调整和籍贯问题的认识不一，角度不同，有从15位到21位之说，悬殊很大。直到十余年前大兴文化实施，在文博场所需展示吉安状元，市里几位参与工程策划和提供文史支持的同仁，通过比对条件和遵循传统，认定为17位。虽然还有不同的意见出现,但我们坚持17位的说法，基本得到学术界认可。二是状元的资料较缺乏。除了像文天祥、陈循、彭时、罗洪先、刘同升、刘绎等几位名气较大的外，其他的状元史志记载不多。因为有的考取状元时年龄偏大，过不了多少年就退休了。如中状元时曾鹤龄38岁，刘俨48岁，曾彦53岁，走上仕途发展就有限；有的中状元后没过多少年就英年早逝。如彭教35岁中状元，41岁就去世了；罗伦也是35岁中状元，47岁去世；萧时中28岁中状元,42岁去世，当官和做学问的时间短，难有很突出的功绩。而且，好几个状元在朝廷时，权奸或宦官作恶，或逢乱世，他们不愿攀附，刚正不阿，难以得到重用，有的还蒙冤受屈，因此难有更大的作为和贡献，史料记载也不多。至于谱牒上的介绍，更简单，只载生卒、妻儿和中状元的时间以及官职。但是，困难并没有动摇我们的信心，依然坚持不懈地努力着。因为科举状元三年才有一位，能夺取皇冠上的明珠，是人中龙凤，自然是很神奇，很了不起的。他们是吉安崇文重教的结晶和人文兴盛的象征，是庐陵先贤的典型代表。更重要的是，状元们艰辛求学的精神，忠贞刚正的节操，值得我们学习，需要一代代传承。

可喜的是，江西庐陵人文谷旅游集团董事长陈万洵、江西古貌古心文化发展有限公司董事长刘欣，都有文化情怀，以弘扬地方传统文化为己任，得知我们的计划，慷慨应承资助编印出版此书，了却我们多年的心愿。市文联副主席曾绯龙为玉成此事而奔走操劳，策划和商讨编印方案，还撰写了序言。为使状元文化更丰富，更有地方特色和现场感，我们发动作者一方面尽可能挖掘史料，介绍状元的生平事迹；另一方面，不辞辛苦深入到状元的故里寻访，描述家乡面貌，记叙后裔生活状况和文化的传承，取得田野调查第一手资料，这是最有现实价值的内容，也是本书的亮点。除了南唐王克贞和清代刘福姚两位家乡具体情况不清楚外，其他15位状元都是一篇传略，一篇故里游记。特别感谢吉安籍“博士团”彭庭松、邹锦良、顾宝林先生的支持，共撰写9篇状元传略，占了一半多；尤其是几位史料奇缺的状元，不是他们的努力搜寻史料和撰稿，将无法编出此书。其他作者都是吉安文坛宿将，百忙之中抽空写稿，有的反复修改以保证质量，敬业精神令人钦佩。张昱煜提供了古貌古心公司匾牌和所写状元家乡照片，刘欣提供了江西古周岛文化旅游开发公司状元题屏风照片，聂学锋提供所写文章照片；每单元开头的状元浮雕照片摄于庐陵老街状元楼展厅，由庐陵人文谷集团文宣部提供；其余照片为本人所摄。对上述单位和个人致以诚挚的谢意。由于有的资料难觅，使得部分文章内容略显单薄；还受史料来源不一等因素影响，有的记载不一定确切，恳请读者批评指正。

李梦星

2018年9月于吉州古榕湾